중국의 정체성

차례
C o n t e n t s

우리가 알아야 하는 중국, 중국인

　국제무대에서 '중국의 부상'이라는 단어는 이제 더 이상 우리에게 아무런 화제도 될 수 없을 만큼 기정사실화되었다. 중국은 과거 25년간에 걸친 개혁개방의 성과를 바탕으로 우리 앞에 우뚝 서 있다. 1979년 개혁개방 정책의 추진으로 시작된 중국의 약진은 연평균 9.5%의 고도성장을 거치면서 세계의 공장, 세계 최대의 자본투자 시장으로 성장하였고, 드디어 WTO 가입을 계기로 세계 경제의 한 축을 담당하게 되었다. 이미 중국의 경제는 세계 제6위의 거대한 규모를 자랑하고 있으며, 2008년 하계 북경 올림픽 유치와 2010년 상해 박람회 유치 그리고 유인 우주선의 성공적 발사와 귀환 등을 통해 중화민족의 우수성을 세계에 뽐내고 있다. 그밖에도 중국은 국제 정치무대에서 이미 미국의 전 지구적 파트너로서의 정치적 위상을 확보하는 등 실로 융성한 국운을 만끽하고 있다.

과거 우리에게 그야말로 만리장성과도 같은 벽이었던 중국은 수천 년 역사의 문명국으로서, 언제나 문화의 수출자적 위치에 있었던 아시아의 대국이다. 그러나 이제는 늘 중국의 그림자를 의식해 온 우리의 중국 인식에 과연 문제가 없었는지, 혹시 역사적 인식의 피동성으로 인해 중국이라는 현실적 실체를 막연한 신비감과 고정적인 선입감 속에서 소극적이고 피동적인 자세로 받아들인 것은 아니었는지 반추해 볼 때이다.

과연 현재의 중국을 우리는 어떠한 관점에서 이해해야 할 것인가? 필자는 이에 대한 대답으로, 중국 이해에 필요한 몇 가지 전제를 제시하고자 한다.

우선 중국을 수천 년간 지탱해 온 중국의 역사와 전통성 그리고 문화적 포용성에 대한 체계적 인식이 필요하며, 사회주의 국가의 운영 메커니즘도 이해해야 한다. 사회주의 이념을 추구하는 공산당 정권이 이끄는 중국인이 바로 그 중국 대륙에서 살고 있기 때문이다.

우리는 또한 중국이 복합적인 국가 이미지를 가지고 있는 나라임을 인지해야 한다. 중국은 우리가 경험하지 못한 사회주의를 이념으로 하는 국가이며, 경제적으로는 경제 현대화를 추구하는 개발도상국이고, 정치적으로는 역내 강대국의 위상을 가지고 있다. 즉, 중국은 경제의 발전을 위해 필요한 시장경제의 관용성과 정권의 유지를 위한 정치적 사회주의의 경직성을 한 몸에 갖고 있으며, 여기에 강대국으로서의 위상도 잃지 않아야 하는 삼중의 부담을 안고 있는 것이다. 중국 문제는 이러한 단순하지 않은 변수로 인해 늘 복잡하게 전개될 수밖에 없다는 인식이 필요하다.

다음은 중국을 보는 이중적 시각의 잣대에서 벗어나 우리의 관점에서 중국을 바라보는 독자적 중국관을 재정립해야 한다는 점이다. 중국은 무서운 나라이며 현재 중국의 발전 추세는 지속될 것이므로 '중국은 진짜다'라는 '슈퍼 중국론'의 대두와, 중국의 발전은 일정한 정도가 경과하면 결국 답보 상태에 빠지거나 오히려 혼란이 가중될 것이므로 '현재 중국의 발전은 가짜이며 장기적으로는 희망이 없는 국가'라는 '중국 무망론(無望論)'의 혼란 속에서, 어쩌면 우리는 이미 공중증(恐中症, 중국을 두려워 하는 병)에 걸려 있는지도 모른다. 주변에서 늘 볼 수 있듯이, 중국식 시장경제의 세례를 입은 사람들은 중국이 자본주의 시장경제 국가라고 주장하며, 사회주의성에 상처를 입은 사람들은 중국이 내부적으로는 여전히 사회주의 국가라고 말한다. 또한, 매번 중국 경제의 미시지표는 불안하다고 말하면서도 거시지표는 훌륭하다는 자기 모순적 관점을 여과 없이 받아들이기도 한다. 혹자는 중국 경제의 부상을 이야기하면서 몇 년 내 한국 경제는 할 수 있는 것이 아무것도 없게 될 것이라는 자조를 되뇌이기도 한다.

같은 동북아 지역에서 살고 있는 우리에게 중국은 더욱 절실한 기회의 땅이자 도전임은 재삼 강조할 필요가 없다. 군이 그 국제적인 위상을 논하지 않더라도, 우리에게 있어 중국은 더 이상 선택의 대상이 아니다. 정치적으로는 남북한의 대치 상황에서 한반도의 평화와 안정을 위한 중국의 역할에 기대를 걸어야 하고, 경제적으로는 엄청난 시장으로 우리 앞에 다가와 있는 필수 대상국임을 인정해야 한다. 이제 우리는 이러한 중국을 앞에 두고 보다 원초적이고 근본적인 고민을 통해 중국을 이해하려는 노력을 하여야 한다. 이 글은 이러한 관점에서 중국 이해의 기초를 정립하기 위하여 전통적이고 역사적인 사회·문화에 바탕을 둔 중국의 정체성에 관한 체계적인 인식을 논의의 주제로 삼는다.

민족성과 중국인 연구

민족이란 일반적으로 동일한 영역, 언어 및 생활양식과 문화, 심리적 습관 그리고 역사를 공유하는 사람들의 집단을 일컫는다. 이러한 일정 민족을 주체로 하여 구성된 국가를 민족국가라고 하며, 한 민족의 언어, 풍속, 전통, 생활 감정 등을 토대로 하여 그 민족의 특성을 나타내는 문화를 민족문화라고 한다.

민족을 구성하는 요소로는 생물적·지리적·심리적인 측면과 문화적인 측면이 있다. 한 민족은 공통의 언어·공통의 지역·공통의 경제생활과 역사적인 연원을 갖고 있기 때문에, 대체적으로 일치하는 문화의 누적을 계승하여 일련의 공통적인 심리 행태를 표현해낸다. 그러나 동시에, 모든 민족이 그 내부의 계급·계층·직업·신앙 등 각종 차이로 인해 상당히 복잡한 문화 심리적 형태를 표출하는 것 또한 일반적인 현상이다.

이와 같이 어떤 한 민족이 공유하고 있는 공통적인 성품이나 특유의 기질을 우리는 민족성이라고 부른다. 예를 들어 영국 사람을 논할 때 '신사의 풍모'를 떠올리는 것이나, 독일 사람의 경우에 '정밀·정확' 등을 연상하며, 미국인 하면 '개방·개척정신'을, 일본인 하면 '친절·모방' 등을 생각하는 것 등은 모두 같은 범주에서 이해할 수 있다.

그렇다면 '중국인' 했을 때 우리가 생각할 수 있는 것은 과연 무엇인가?

근세에 이르러 동방을 압도하기 시작한 서방의 여러 국가들은 이 동방의 대국에 대해 나름대로 연구를 해왔다. 그러나 이러한 연구들은 대부분 단편적인 시각을 갖고 있어서 상당히 편향적이고 무리한 논조가 있음을 부인할 수 없다. 이는 중국이 가지고 있는, 서방과는 다른 사회구성과 구조·도덕 및 가치체계·사유방식 그리고 여기에서 파생되어지는 문화에 대한 시각의 편차에서 비롯되는 현상이라 할 수 있다.

물론 이것은 서방의 연구가 잘못됐다는 것을 뜻하는 것이 아니다. 다만 중국인의 생존 토양인 중국문화에 대한 정체(整體)적인 이해에 기초를 둔다면 중국인의 속성을 이해하는 데 객관적인 근거를 제공할 가능성이 더 높을 수 있기 때문이다. 이는 한 민족의 공유문화가 전 민족의 성격 외견에 표현되어진 것이 바로 민족성이며, 모든 국민성에 관한 문제는 민족문화와 서로 밀접하게 연계되어 나타나기 때문이기도 하다.

이 글의 기본적인 구도는 문화생태학과 사회심리학적 관점을 기초로 한다. 이러한 관점의 기본 전개구도는 문화체계가 생태유형(경제유형, 사회구조, 사회화 방식 등)에 영향을 미치며, 이렇게 형성된 문화 유형이 개인의 성격 행위에 영향을 미친다는 것이다. 이렇게 하여 표출되는 군체(群體)적이고 집단적인 성격 행위가 민족성이다. 주지하는 바와 같이 민족성은 다원적이고 다층적인 정체로서 어떠한 단일 요소에 의해서 형성된 것은 아니다.

민족성 형성의 다층체계

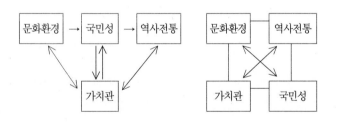

출처 : 文崇一, 『中國人的價値觀』(臺北 : 東大圖書公司, 1988), p.5.

따라서 정체적인 관점으로 중국인을 이해하는 것이 중국인

9

의 민족성을 연구하는 데 중요한 포인트가 된다. 이렇게 하여야 만이 중국인의 심리를 이해할 수 있으며, 중국인과 중국문화에 대한 막연한 신비감의 조성을 막을 수 있다. 이는 다시 말해 민족성 연구에 있어 체계적이고 구체적인 문화적·정신적인 심층 연구가 수반되어야 한다는 것이다. 물론 여기에도 문제가 없는 것은 아니다. 특히 중국과 같은 거대한 면적과 복잡한 역사전통을 가지고 있는 나라의 전체적인 문화구조를 도출해내는 것이 쉬운 일은 아니다. 그러나 중국이 비록 56개 민족으로 구성되어 있으나, 그들 중 93% 이상이 한족이라는 사실은 공통적인 문화의 형태와 이를 통한 접근에 객관성을 담보해 줄 수 있을 것이다.

물론 한 민족의 민족성을 연구하는 데에는 앞에서 언급한 정체적인 접근 외에도 역사적·현실적인 면에 관한 조사와 함께, 서로 다른 방법론을 결합하여 반복적이고 심층적인 조사 연구를 통해 그 실체를 파악하는 것이 가장 좋은 길이라는 데에는 이견의 여지가 없다. 그러나 이러한 거대한 체계의 연구에는 현실적으로 여러 가지 제약이 있을 수밖에 없다.

따라서 이 글에서는 중국문화의 형성과 발전이라는 매개체로 중국인의 민족성을 고찰하려 한다. 우선 중국문화에 대한 파악을 위해 전통문화에 초점을 맞추고, 여기서 특징이 될 수 있는 민족성을 도출해낸 후, 이것이 전환기의 중국사회에서 어떻게 받아들여지고 있는가를 살펴볼 것이다. 다음으로 경제 시대를 살아가는 중국인들의 지역적 기질이 어떻게 표출되는

가를 분석하면서, 현대 중국인의 민족성의 변화와 지속을 고
찰하는 것으로 결론을 맺으려 한다.

중국 문화 체계의 형성

중국 전통문화 발전의 토양

폐쇄적-온대성-대륙형 사회지리 환경

  인류 역사와 문화의 발전은 자연 환경을 기초로 전개된다. 이는 인류 자체가 자연의 산물이며, 인류의 노동 대상 역시 자연이기 때문이다. 문화를 완전히 인류의 지혜와 정신의 산물로만 보려는 일부 학자들의 경향도 있지만, 지리적 환경이나 자연 조건이야 말로 인류 사회생활의 물질적 기초임은 부인할 수 없다. 이는 인류가 자연을 정복하고 개조하고 또는 순응하는 과정에서 문화가 형성되었기 때문이다.

일반적으로 인류 생활의 지리적 환경은 한대, 온대 및 아열대, 열대로 나뉜다. 그중 온대 지방에 거주하는 민족이 비교적 양호한 생산 조건과 생활 조건을 구비하여 역사의 주 무대에서 활동해 왔다. 중국은 바로 이러한 북반구의 온대 지방에 위치해 있어서, 풍부한 물산과 자연의 부유함을 기초로 고대의 문명을 탄생시킬 수 있었다.

지리 환경을 구분하는 또 하나의 중요한 요소는 대륙민족과 해양민족의 구분이다. 중국의 저명한 철학자인 량치차오[梁啓超]는, 해양문화는 인간의 진취성을 자극하지만 대륙문화는 보수적이고 정태적임을 지적한 바 있다. 즉, 해양문화가 대륙문화에 비해 동태적이고 개방적이라는 의미이다. 그러나 비록 이 두 가지 문화 유형은 개념적으로 확연히 구분되지만, 인류의 역사는 수없는 교류를 거치면서 (바빌론과 그리스, 그리스와 로마문화처럼) 해양문화와 대륙문화가 혼합하는 모습을 보여 온 것도 사실이다.

단, 중국의 경우는 예외였다. 중국은 자고이래(自古以來)로 동아시아 대륙의 대부분을 차지하면서, 동으로는 망망대해를, 서북쪽으로는 구릉지를, 서남으로는 험준한 칭장[靑藏] 고원을 면하고 있었다. 따라서 내부 활동 공간은 매우 넓으나, 외부로부터는 격리될 수밖에 없는 고립구조를 가지고 있었던 것이다. 그리고 이러한 고립구조는 독립적인 고대문화의 풍격 유지를 가능하게 하였다. 중국문화의 지리적 환경은 이 점에서 아리아인에 의한 인도문화의 붕괴, 알렉산더 대왕의 침략에 따른 이집트문화의 그리스화 및 로마문화의 단층 현상 출현 등과는 확연히 구분된다.

이렇듯 중국의 고대문화는 지리적으로 고립되고 폐쇄된 환경 속에서, 시종일관 비교적 독립적인 발전체계를 유지할 수 있었다. 그래서 자신들을 늘 세계의 중심으로 생각하는 '천하 관념'이 형성된 것이다. 천하의 중심은 중국이라는 국호 그리고 장기간에 걸쳐 형성된, 중국민족이 제일이라는 '자아 중요감(自我 重要感)'은 이렇게 탄생한 것이다.

해양문화를 접할 길이 없던 중국문화의 풍격은, 스스로를 대륙문화가 제일이라는 우월감에 빠지게 하였다. 그러나 이것은 실제적인 상호 비교를 통해 이루어진 것이 아니고, 단지 그러한 경험이 없었기 때문이다. 공자의 "지혜로운 자는 물을 좋아하고 어진 자는 산을 좋아한다[知者樂水, 仁者樂山]" "지혜로운 자는 움직이길 좋아하나 어진 자는 조용함을 좋아하고, 지혜로운 자는 즐기길 좋아하나 어진 자는 침잠한다[知者動, 仁者靜, 知者樂, 仁者壽]"라는 표현 역시 대륙문화가 해양문화보다 높은 위치에 있음을 강조하는 말이기도 하다.

이러한 중국인의 자기중심적인 관념은 현대에도 이어져서, 지나치게 국적과 민족을 중시하는 강렬한 민족주의적 정서로 자주 표출되고 있다. 여기서 중국의 민족주의 정서 및 관념이 옳은지 그른지가 중요한 것은 아니다. 다만 이러한 문화적 토양 속에서 자연스럽게 형성된 민족관념이 수천 년간 중국인들을 지탱해 온 정신적 역량이었다는 점을 충분히 이해해야 할 것이다.

농업형 자연경제

중국문화가 대륙형 지리 환경 하에서 성장해 왔음은 앞에서 살펴보았다. 그러나 대륙형 문화 역시 몇 종류로 대별해 볼 수 있다. 중앙아시아 일대의 흉노, 돌궐 및 몽고족은 광활한 사막형 초원에서 유목(遊牧)형 경제를 발전시켰고, 동구의 슬라브족은 반농반목(半農半牧)형 경제로 유라시아 문명의 과도형 구조를 가지고 있었다. 중국이 자신들의 본류로 생각하고 있는 한족 중심의 '습윤 대륙형'은 바로 황하와 장강 일대의 비옥한 토지를 기반으로 한 농경문화를 가리킨다. 중국이 자랑하는 만리장성은 바로 연 강수량 400㎜를 경계로 하는 농경문화와 유목문화의 경계선이기도 하다.

농업은 고대세계에 있어서는 결정적인 생산 부문이었다. 농업이 발달한 지역에서 문화가 우선적으로 번영했다는 것은 세계 문화사의 통례이다. 이는 잉여 생산물을 기초로 군중의 사회 분화가 일어나며, 이러한 과정을 통하여 생산활동에 종사하지 않는 문화인이 출현해 과학, 문학 및 철학, 예술 등의 분야에서 창조활동을 이끌어 나가기 때문이다.

물론 단순히 농업 사회만을 가지고 중국의 고대 사회를 설명할 수는 없다. 이론의 여지는 있으나 역사적으로 소위 중국의 강역(疆域)에서는 수많은 유목민족이 존재했었기 때문이다. 그러나 농업경제가 중국 고대 사회경제의 주력이었기 때문에, 보편적인 중국의 민족성 역시 이를 기초로 모습을 드러내게 된다. 이렇게 형성된 가장 대표적인 민족 심리로 (경험을 강조하고 자연 친화적일 수밖에 없는 농경문화의 특성이 그대로 드러나는) 실질적이고 현실적인 경향을 들 수 있다.

그러나 농업형 자연경제 환경은 경제보다는 중국 정치문화에 더욱 많은 영향을 끼쳤다. 대부분의 농업 종사자들의 생활환경이 극도로 분산되거나 극소수일 수밖에 없는 상품교환관계로 이루어진 고대 중국사회는 강력한 통치사상과 중앙 집권적 정치체제를 필요로 하게 되었다. '동방 전제주의(東方 專制主義)'라고도 불리는 강력한 중앙 집권적 군주정체(君主政體)는 2천여 년 전 진한(秦漢) 시대에 이미 확립되었다. 유럽이 중세에 들어와서야 비로소 이와 유사한 정체를 수립한 것을 감안하면, 이는 (특히 정치문화에 있어) 중국문화의 조숙성을 엿볼 수 있는 대목이다. 그러나 정치체제의 유지는 결국 일반 백성들의 '안정'이 근본이었으니, 민심과 유리된 정권과 왕조는 결국 농민의 난을 통한 종말을 경험하게 된다.

농업형 경제가 중국인에게 끼친 가장 대표적인 영향은 극단을 배척하고 조화와 중용을 강조하는 실질적 태도를 함양시켰다는 점일 것이다. 이는 자신의 노력뿐 아니라 자연의 리듬이 조화를 이루어야 수확이 가능한 농경문화의 특성이 가장 대표적으로 반영된 것이기도 하다. 따라서 수확을 위한 현실적 관념과 인사(人事)에는 매우 민감하지만 그 밖의 것에는 의식적으로 관심을 가지려 하지 않는 중국인의 '과도한 무관심' 역시 농경문화의 산물로 볼 수 있다.

자급형 자연경제에서 농민이 가장 필요로 하는 것은 안정이었다. 결국 이러한 상태를 유지하기 위한 중용(中庸)의 도가 가장 현실적인 덕목으로 자리잡게 되는 것은 너무도 당연한 일일 것이다. '안빈낙도(安貧樂道)'와 사람의 도리를 다하고 하늘의 명을 기다린다는 '진인사대천명(盡人事待天命)'을 강조하는 중국의 농경문화는 확실히 정태적이고 수세(守勢)적인 선천적 구조를 가지고 있다고 볼 수 있다.

가국(家國)일체의 종법(宗法)사회

중국 고대의 사회제도와 조직은 오랜 기간 동안 상당한 변천을 겪어 왔다. 이러한 가운데서도 면면히 이어져 온 가장 큰 특징은 부계사회와 적장자(嫡長子) 계승이라는 기본적 종법제도가 수천 년을 유지해 왔다는 점일 것이다.

이러한 종법제도가 중국에서 오랫동안 뿌리를 내릴 수 있었던 것은 일찍부터 성숙된 관료제 위주의 정치체제로 인해 사회 해체가 충분하지 못했으며, 자연경제 시기가 장기간 연속되었기 때문이다. 자연경제의 전통은 '촌장(村庄)'이라는 전형적인 중국의 시골 마을에서 세포군을 형성하였고, 가정이 가족으로, 이것이 다시 발전하여 종족을 이루어 사회를 형성하고, 나아가 국가를 구성하였다. 이러한 사회구조는 전통적인 종법제도와 종법사상의 유지에 풍부한 기초를 제공하였다.

이와 같은 씨족사회적 종법제도는 계급사회로 진입한 이후 통치계급과 이를 지탱하였던 지식인 사대부 계층이 그들의 기득권 유지를 위해 종법의식을 이론화하고 고착화하면서 수천 년 동안 중국의 종법문화를 지탱하여 온 것이다. 또한, 이러한 씨족 중심의 종법제도는 혈연관계를 중시하는 사회 심리를 파생시켰다. 우리나라도 예외는 아니지만 혈족관계를 표현하는 다양한 호칭을 살펴보면 중국인이 얼마나 혈연관계를 중시하는지를 알 수 있다.

종법제도 하의 사회적 심리를 가장 잘 나타내고 있는 것으로 선조에 대한 숭상을 예로 들 수 있다. 법도를 중시하는 조상에 대한 제사나 전통에 대한 숭상 그리고 가부장제 질서의 강조 역시 이러한 맥락에서 파악될 수 있는 사실들이다. 특히 전통에 대한 극단적인 존중 풍조는 사회의 상층구조에서 잘 표출되었다.

또한 정치적으로는 '정통'이나 '한족과 오랑캐는 병존할 수 없다[漢賊不兩立]'는 의식에 대한 과도한 강조가 신념화되었고, 사상이나 학술적 측면에서도 '도통(道統)'이나 '심전(心傳)'을 지나치게 추구하여 한유에서 송대 명리학까지, '요순→우탕→문무→주공→공맹(堯舜→禹湯→文武→周公→孔孟)'의 계보를 강조하는 등 과거에 대한 집착이 매우 강조된다. 이러한 현상은 문학 분야에도 적용되어 '문장은 진한(秦漢) 시대, 시는 성당(盛唐) 시대'라는 말이 선비들의 종지(宗旨)가 되었다. 예술 분야 역시 스승과 유파를 강조하는 가법(家法)이나 사법(師法)을 따지면서 전통을 매우 강조한다.

이러한 전통에 대한 숭상이 분명히 중국문화로 하여금 세계적으로 유래를 찾아볼 수 없는, 단절되지 않는 생명력을 불어넣은 것은 사실이다. 그러나 이는 한편으로 중국문화의 보수성을 철저하게 강화시켰다. 요순(堯舜) 임금은 중국문화에 있어 언제나 성인이었고, 종법제도의 사회적 근간이었던 정전제는 늘 토지제도의 가장 이상적인 최고봉이었으며, 씨족사회의 대동세계(大同世界) 역시 사회관계의 이상적 경계였다.

결국 중국의 종법제도는 중국문화의 순수성을 지키는 중요한 토대를 제공하였지만 '도통의 계승 또는 답습'이라는 명분하에 개혁을 허용하지 않았으며, 장기적으로 중국사회의 발전를 정체(停滯)시키는 부정적 영향도 미쳤다.

중국문화와 서방문화의 기원체계 비교

다음 표는 중국문화와 서방문화의 기원체계를 비교한 것이다. 사회 조직형식과 물질 생존방식 그리고 사회지리 환경, 이 세 가지로 나누어, 고대에서 중세, 근대에 이르기까지 각각의 발전양식과 변화의 특색을 파악할 수 있도록 했다.

중국문화의 기원체계

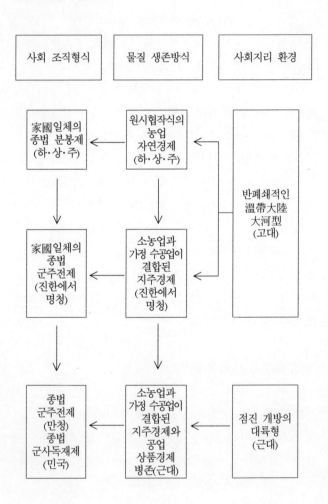

| 사회 조직형식 | 물질 생존방식 | 사회지리 환경 |

家國일체의 종법 분봉제 (하·상·주) ← 원시협작식의 농업 자연경제 (하·상·주) ← 반폐쇄적인 溫帶大陸 大河型 (고대)

家國일체의 종법 군주전제 (진한에서 명청) ← 소농업과 가정 수공업이 결합된 지주경제 (진한에서 명청) ←

종법 군주전제 (만청) 종법 군사독재제 (민국) ← 소농업과 가정 수공업이 결합된 지주경제와 공업 상품경제 병존(근대) ← 점진 개방의 대륙형 (근대)

서방문화의 기원체계

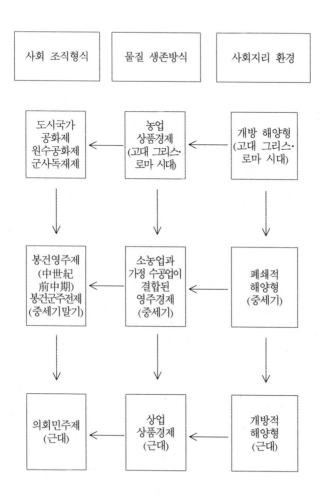

| 사회 조직형식 | 물질 생존방식 | 사회지리 환경 |

도시국가
공화제
원수공화제
군사독재제
← 농업
상품경제
(고대 그리스·
로마 시대)
← 개방 해양형
(고대 그리스·
로마 시대)

봉건영주제
(中世紀
前中期)
봉건군주전제
(중세기말기)
← 소농업과
가정 수공업이
결합된
영주경제
(중세기)
← 폐쇄적
해양형
(중세기)

의회민주제
(근대)
← 상업
상품경제
(근대)
← 개방적
해양형
(근대)

중국 전통문화 형성의 사회 기초 : 전통사회

중국 전통사회의 정의

중국의 전통사회는 도대체 어떠한 사회인가? 이에 대해 중국
과 서방의 많은 학자들은 다양한 분야에서 광범위한 연구를 해
왔다. 예를 들면 서방의 마르크스(Marx), 베버(Weber), 그라네
(Granet), 비트포겔(Wittfogel) 및 오늘날의 피츠제럴드(Fitzgerald),
페어뱅크(Fairbank), 라이트(Wright), 드 베리(de Bary), 슈워츠
(Schwartz), 보드(Derk Bodde), 크릴(Creel) 등이 각기 서로 다른
각도에서 중국을 관찰해 왔다. 그러나 이들의 문화관은 자연
스럽게 서방에 국한된 문화관일 수밖에 없었다. 중국의 학자
로서 비교적 체계적으로 중국사회를 연구한 최초의 인물로는
량수밍[梁漱溟]을 꼽을 수 있다. 그러나 후스[胡適]가 그의 문
화이론을 '주관적 문화철학'이라고 비판하였듯이, 량수밍 역
시 '중국에 국한된 문화관'의 편견에서 벗어날 수는 없었다.
이렇듯 많은 사람들이 중국의 전통사회에 대한 연구를 하였
음에도 불구하고 일목요연하게 중국사회의 성질을 논하기는
여전히 상당히 어려운 일이다.

다시 묻자. 중국의 전통사회는 도대체 어떠한 사회인가? 이
문제는 '전통사회란 도대체 어떠한 사회인가'라는 물음에서부
터 시작된다. 물론 상당히 복잡한 문제이기는 하지만 일찍이 서
방의 경제학자들은 전통사회의 시기 구분에 대해 뉴턴 시대를
그 분기점으로 하는 의견을 제시하고 있다. 또 하겐(Hagen)은 사

회발전의 측면에서 전통사회를 수렵형(狩獵型)-포어형(捕魚型)-유목형(遊牧型)으로 구분하기도 하였다. 이는 전통사회가 전통적인 농경사회에 속해 있으며, 중국도 바로 이 유형에 속하는 사회라는 뜻으로 해석할 수 있다. 이와 관련해 량수밍은 『중국문화 요의 中國文化要義』라는 책에서 중국의 '100년 전'이라는 말은 바로 '2천 년 이래로'라는 말과 같은 뜻임을 강조하였으며, 역사 철학자인 치엔빈씌[錢賓四] 역시 '중국은 4천 년간 변동이 없었다'라는 말로 그 전통성을 증명하고자 하였다.

이러한 관점에서 볼 때 중국은 하겐이 주장하는 대로 '습속이 지배'하고, 계층성 구조를 갖고 있으며, 신분 취향적인 비생산성 사회이다. 즉, 중국은 한대에서 청대까지 전형적인 전통사회의 요소들을 갖고 있었다는 말이며, 이에 대해 많은 학자들이 의견을 같이하고 있다. 이렇게 볼 때 중국의 전통사회는 (우리가 일반적으로 이해하는 대로) 정치적으로는 유가의 국가이며 사회적으로는 사대부 사회라는 통념의 도출이 가능하다. 그러나 이러한 언어들은 다분히 포괄적인 개념일 수밖에 없다. 이에 대해 홍콩의 사회학자 진야오지[金耀基]는 다음과 같이 중국 전통사회의 특징을 꼽고 있다. 즉,

① 전통 취향(趣向)적이며
② 농업적이고
③ 신분 취향적이고 계층 취향적이며
④ 신성적(sacred)이고 권위적(authoritarian)이며
⑤ 원급 단체(primary group)가 사회의 주요 구조가 되며

⑥ 특수주의(particularism)적이고 관계 취향적이며

⑦ 기능 보편적(functionally diffuse)이며

⑧ 준 개방적인 이원사회(dual society)라고 정의하고 있다.

이러한 관점들을 기초로 다음의 몇 가지 측면을 통해 중국의 전통사회를 간단히 분석해 보기로 한다.

정치관계

전통과 현대를 막론하고 중국에 있어 정치는 문화의 구성에 가장 중요한 요소로서 유아독존(唯我獨尊)의 위상을 갖고 있다고 할 수 있다. 따라서 전통 중국을 이해하는 데 있어 정치체계에 대한 이해는 상당히 중요하다. 주지하다시피 중국은 과거 2천여 년간 군주제를 실행해 왔다. 모든 정치권력의 원천이 군주 한 사람에게만 집중되어 있었으며, 정치의 주체 또한 군주였다. 다시 말해 중국의 군주는 주권의 모든 것이었다. 따라서 중국 정치의 권력은 전형적으로 '위로부터 아래로'의 정치 행태를 띠어 왔다.

중국의 전통 정치 시스템에 관해서는 많은 연구가 이루어져 왔다. Weber는 중국의 정치 시스템을 '가산(家産) 관료주의(Patoirmonialism)'라고 표현하였는데, 이는 과거 중국이 상명하달(上命下達)식의 방대한 관료 통치체제(bureaucracy)의 제어 아래 있었다는 사실을 강조하는 것이기도 하다. 그러나 전제의 정도에 대해서는 서방의 절대 군주제와는 또 다른 일면이 있다.

일단의 학자들은 서방의 전제(專制)에는 '절대 전제(absolutism)'라는 개념을, 중국의 전제에는 '상대 전제'라는 개념을 도입해 그 차이를 표현하기도 한다. 또, 치엔무[錢穆]는 이를 평면적이고 개방적인 문치정부(文治政府)라고 표현하면서, 중국의 전제가 민본(民本)사상을 근간으로 하는 전제였다고 주장하기도 한다.

그러나 과거 중국의 정치체계가 개방적인 형태를 띠고 있었다 하더라도, 한편으로는 민치(民治, by the people)관념과 정치적 자각이 결핍되었으며, 다른 한편으로는 유가 관리계급 외에 적절한 대체세력이 부재하는 까닭에 정부에 대한 견제가 불가능하였다는 점은 이미 공인된 바이다. 이러한 관점에서 중국의 철학자 마오종쌘[牟宗三]은 중국문화의 정신은 정치 방면에 있어 "치도(治道)만 존재하였을 뿐 정도(政道)는 없었다. 즉, 군주제의 정권은 황제에게 있었고 통치권은 사대부에 있었기 때문에, 관리의 통치만이 존재할 뿐 정치는 없었다"고 주장하고 있다. 특히 그는 사대부 통치계층도 군주와 대립적인 형태가 아닌 군주에 속하는 관료체계였다고 못 박는다. 이러한 정치적, 역사적 전통은 일반 백성의 정치에 대한 무관심을 초래하였다. 물론 관심이 있었다 해도 그 정치적 표현에는 제도적인 한계가 명확히 존재하였음은 주지의 사실이다. 따라서 군주가 백성을 돌보지 않은 극단적 상황에서는 '반란'이라는 형태 이외에 군주제가 축이 되는 관료체계를 견제할 만한 대안이 없었다. 이러한, 베버(Weber)에 의해 '비정치적 태도'라 표현된 정치 형태의 대물림은 오늘날의 중국에까지 복잡한 영향을 미치고 있다.

경제제도

전통 중국은 기본적으로 고전적인 농업사회이다. 이는 자급자족적 경제로서 전 국민의 75% 이상이 농촌에 거주하며, 거주민의 주요한 직업이 농업이 되는 형태이고, 한 가정이 한 생산 단위가 되는 소농(小農)국가라는 말이다. 그러나 중국의 농촌은 완전한 자급사회는 아니었으며 순수한 농민 이외에도 여러 계층이 혼재하는 형태로 존재해 왔다. 이러한 관점에서 레드필드(R. Redfield)의 유명한 대전통(大傳統)과 소전통(小傳統)의 관점은 중국 전통사회의 성격에 대해 시사하는 바가 크다. 그는 한 문명에 있어 대(大)전통은 '사고하는 소수인'의 것이며 소(小)전통은 '사고하지 않는 다수인'의 것이라 주장한다. 그는 또 중국사회가 이러한 이원적 구조 속에서 사대부와 농민으로 구성된 소전통과 대전통의 교감이 이루어져 형성된 문화적 사회구조임을 강조한다. 확실히 중국의 사대부는 레저계급(leisure class)으로서 비경제적인 성격을 띠면서 문화를 주도하는 역할을 맡고 있었으며, 농민계급은 경제적 활동을 하는 '생산계급'의 형태를 띠었다.

그러나 이들 상호간에는 일련의 커뮤니케이션도 이루어져 왔다. 주경야독(晝耕夜讀)이나 반경반독(半耕半讀) 등의 말들이 일종의 사회적 언어로서 상용되는 데서도 이러한 상황을 알 수 있다. 따라서 량수밍이 말한 대로 중국에는 '경작과

'독서'의 두 가지 형태가 공존하며, 이를 경계로 사대부와 농민이 서로 끊이지 않고 교류하는 형태를 유지해 왔다. 치엔빈쓰가 말하는 '농촌 기초의 토양에서 양성된 것이 중국문화'라는 말은 이 같은 관점에서 상당히 설득력 있는 것이다.

사회구조

중국의 전통 사회구조 중 가장 중요하고 특수한 것이 바로 중국 특유의 가족제도이다. 이 가족제도는 계층구조의 근간이 되며, 역시 앞에서 언급한 정치·경제구조와도 밀접한 관계가 있다. 이 두 측면을 간단히 살펴보기로 하자.

1) 가정[家]의 역할체계(role-system)

전통 중국에 있어서의 가정은 사회의 핵심으로서, 전체적인 사회 가치체계가 바로 이 가정을 통해 육화(育化, encultu-ration)되고 사회화(socialization)되는 형태를 이어 왔다. 즉, 가정은 가장 중요한 원초적(primary)이고 상호 대면적인 단체로서, 또 일종의 비형식적이며 개인적인 관계로서 사회적인 활동에 종사하는 단체가 된다.

전통 중국에 있어 가정은 단순한 생식 단위의 의미 이외에도 사회·경제·교육·정체·종교·오락을 총괄하는 단위였다. 이러한 면에서 볼 때 중국의 가정은 전체 사회를 응결시키는 기본적인 구심체라 할 수 있다. 레비(M.J. Levy) 같은 학자는 극단적으로 "중국의 모든 주요한 경제 및 기타 사회적인 관계는 정부

(혹은 기타 조직)와 가정 간의 관계이다'라고 단언하기도 한다. 따라서 이러한 가정이 어떠한 관계로 편성되어 있는가 하는 것 역시 중국의 전통구조 이해에 매우 중요한 문제이다.

중국 전통사회에서 사람과 사람의 관계는 가족 또는 씨족 구조에 의해서 결정된다. 수평적인 구조로 보면 '가정→가족 →종족→씨족→씨족권 밖의 형태를 갖고 있었으며, 수직적 인 관점에서 보면 전형적인 부계(父系)가 주축이 되는 '위로부 터 아래로의 절대적 복종관계'가 그 근간을 이룬다. 이러한 상 하관계가 '효'라든가 삼강오륜(三綱五倫) 등을 강조하는 가치 체계의 형성에 기본이 되는 것이다.

이렇듯 중국인의 활동은 가정에서 출발하였다. 그러나 가정 의 기능이 너무 발달한 나머지 개인주의적이고 창조적인 경향 을 억제하게 되었고, 이것이 개체 독립성의 결핍을 초래하게 하였다. 결국 중국의 가정은 여러 가지 장점에도 불구하고 일 련의 조직 형태 창출에는 일부 부정적인 요소로 작용하게 되 었음은 부인할 수 없다. 또, 중국의 가정은 혈연의 범위를 초 월하는 계약 취향적 단체의 성격을 띠고 있는데, 이는 중국사 회의 계층구조와 밀접한 관련을 맺고 있다.

2) 사회계층(Social stratification) 구조

중국사상의 주류인 유가는 비록 계급성의 주장을 하고 있 지는 않지만 자연스러운 계층성은 인정하고 있다. 이 계층의 구분은 직책의 구분에 의한 것으로, 맹자의 표현에서 위의 관

념이 가장 뚜렷하게 나타난다. 그는 군자(君子)와 야인(野人/小人)이라는 구분으로 통치자와 피통치자의 이분법 관념을 주창하였다. 따라서 중국 전통의 네 계층 중 사대부만이 통치계층이며, 기타 농·공·상은 피통치 계층이 된다. 이 통치계층이 공맹(孔孟)의 이념으로 보면 군자이며, 피통치 계층은 소인이 되는 것이다.

사대부는 전통 중국에서 가장 숭상받는 계층이었다. 그들은 학식·재부·명망·정의 등의 사회가치를 독점하였으며, 지주계층·사인계층·관료계층의 세 가지 형태로 존재하였다. 이처럼 중국사회 역시 사회계층이 존재하였기 때문에 각종 사회 유동(Social mobility)이 나타나게 된다.

전통 중국의 유일한 사회 유동, 특히 신분 이동은 일부 범법 행위에 따른 신분 변동을 제외하고는 오직 과거제도를 통해서만 가능했다. 과거를 통해 등용된 관리들은 모두 군주를 위해 봉사하는 획일적 구조를 가지고 있었다. 따라서 백성들은 도탄에 빠지면 직접적인 군중 봉기 등을 통해 자신들의 요구를 표출하였는데, 이는 농민의 성격상 제일 마지막에 그리고 유일하게 취할 수 있는 방법이었다. 전통 사대부의 사회 제어나 여론 주도 기능의 결핍은 결국 농민 운동이 왕조를 교체하게 하는 역성(易姓)혁명으로서의 기능을 갖게 하였다. '왕, 제후, 장군, 재상의 씨가 따로 있느냐'는 말은 바로 이러한 사회적 구조의 산물이다. 다음의 도표는 중국 전통사회의 계층 유동을 나타내는 체계도이다.

전통사회의 계층 유동

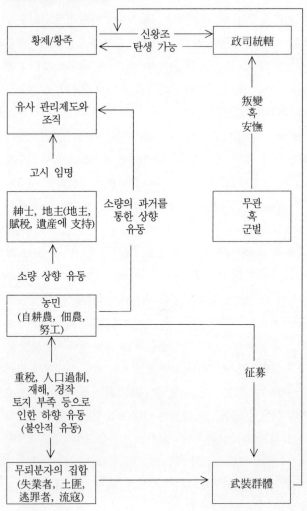

중국문화의 가치체계와 특징

앞에서 우리는 중국문화 형성의 사회문화적 기초를 살펴보았다. 문화는 기본적으로 시대의 흐름에 따라 변화한다. 중국문화 역시 춘추전국시대, 위진남북조 시대 그리고 5.4 운동 시기를 거쳐 사회주의 문화의 유입을 알리는 1949년 중화인민공화국 수립에서 현재까지, 적어도 네 단계의 문화적 변천을 겪어 왔다. 그러나 이러한 복잡한 문화 변천 과정 중에서도 중국문화를 지탱하는 몇 가지 요체는 그대로 지속되고 있다고 할 수 있다.

다음은 중국문화를 지탱해 온 가치체계와 특징에 관한 분석이다.

중국문화의 가치체계

중국문화의 가치구조

중국문화는 그 발전의 과정에서 보이듯 독특한 문화체계로서 그만의 특수성과 나름대로의 근원성을 갖고 있다. 독일 철학자 피히테(J.G. Fichte)는 중국민족을 가장 '원초적인 민족'이라고 표현하였다. 이는 원초적이기 때문에 독특한 심령세계를 갖고 있다라는 말과도 일맥상통하며, 이를 '중국 특유의 문화생명'이라 표현하기도 한다. 그렇다면 특유한 것은 무엇인가? 문화란 본래 시대성과 민족성을 띠는 것이다. 중국문화의 특징은 서방문화와 비교해 보면 그 차이가 잘 드러난다.

중국문화와 서방문화의 구별은 가치의식·사회조직·사회생존 등 제 방면에 있어 명백한 차이를 드러낸다. 우선 사유 방법상 한편은 직각(直覺)적 사고를 한편은 추리(推理)를 강조한다. 다시 말해 중국이 직접적이고 현실적인 인식을 중시한다면 서방문화는 논리를 중시한다는 말이다. 이러한 상이점으로 인해 중국문화는 정(靜)을 강조하고 천명을 따르는 수동적 경향을 띠게 되었다. 반면 서방문화는 객관적인 이해와 해석을 중시하게 되었다. 좀더 깊게 살펴보자면 서방의 문화가 지성을 주체로 한 논리적 자아를 형성한 반면, 중국의 문화는 인성(덕성)을 주체로 한 도덕적인 자아를 형성하였던 것이다. 이를 두고 어떤 학자는 중국의 그것은 '종합적인 진리정신'이며, 서방의 그것은 '분해적인 진리정신'이라고 표현하기도 한다.

사회조직적 관점에서도 두 문화는 명백한 차이를 보인다. 앞에서 언급하였듯이 중국은 가정이 사회조직에 있어 매우 중요한 위치를 점하고 있다. 그러나 서방의 기독교 문화는 이 가정이라는 조직을 교회가 대신하는 형태를 띠고 있다. 이 점에 있어서는 불교문화도 비슷한 경향을 보여준다. 사실 중국의 묵가(墨家)사상은 기독교의 교리와 유사한 점이 있다. 그러나 묵가학설은 언제나 논쟁이 그치지 않는, 중국에서 크게 수용되지 못하는 학설이다. 이는 묵가학설이 바로 초(超)가족적인 경향을 띠고 있었던 것과 깊은 관련이 있다.

사회생존의 관점에 있어 전통 중국의 문화는 일관된 내륙의 농업문화였다. 이에 반하여 서방의 문화는 해양 상업문화의 성격을 띠고 있었다. 이러한 까닭으로 서방의 문화는 상당히 힘차고 웅장한 면을 나타내고 있는 데 반하여, 중국의 내륙문화는 평탄하고 조용한 성격을 띠고 있다. 마오종싼 같은 학자는 "이러한 내륙문화의 정태적인 경향이 중국의 발전을 저해하였다"고 주장한다.

이렇듯 중국의 문화는 그 독특한 개성을 갖고 있다. 이와 같은 문화의 기본 구조는 그 가치체계와 상호 밀접한 연관관계를 맺고 있다.

중국문화의 세계관

세계관(Weltanschauungen)이라 함은 우리의 생명·사회 및 제도 전반에 관한 전망을 말한다. 이 가치체계는 이미 알고 있거나 알고자 하는 전체가 대상이 된다. 세계관은 한 민족 또는 어떤 군체(群體)의 문화적 공설(公設, Cultural axioms of group)이다. 기독교에는 기독교적 세계관이 있으며, 불교는 불교적 세계관을, 이슬람교는 이슬람교적 세계관을 가지고 있는 것이다. 이를 글랜빌(J. Glanvill)은 '의견의 기후'라는 말로 표현하기도 하였다.

이와 같이 세계관은 한 민족 혹은 군체가 기존의 물건처럼 보편적으로 받아들이는 가치체계이다. 그러나 이 가치체계의 실체는 증명하기가 상당히 까다로우며, 또 증명이 필요한 것도 아니다. 그것은 단지 장기간에 걸친 발전을 통해 형성되는 무형의 세계이다. 이러한 관점에서 보면 중국의 세계관은 천조형모(天朝型模)적 세계관이라 할 수 있다. 이 세계관도 여타 많은 상이한 세계관 중의 하나이다.

그러면 천조형모의 세계관은 어떠한 것인가? 이는 기본적으로 투사에 의한 부호체계로 대외적인 태도·자아인식 등을 투영해내는 관찰 방법이다. 중국문화는 이러한 관점에서 스스로를 자족체계(a self-sufficient system)로 규정하고 있다. 이 체계에서는 모든 사람들의 이상적인 제도 구축－예를 들면 법률·윤리·사회구조·정치제도 등등－이 모든 것에 우선한다. 다음은 중국문화가 도출하고 있는 세계관이다.

1) 대일통(大一統) 사상

우리는 일반적으로 전통 중국을 논하면서 왕왕 중국은 '대일통'의 봉건제국이며 문화도 대일통의 경향을 갖고 있다는 포괄적인 개념을 자주 쓴다. 사실 세계 역사의 통례도 다원에서 일원으로 그리고 새로운 다원으로 확산되는 형태를 보여준다. 중국의 상황도 이러한 맥락에서 크게 벗어나지 않는다. 중국에서의 이러한 관념은 중화사상의 모체가 되는 자아 중심적 관점에서 출발한다. 이러한 관념의 형성은 크게 두 가지 원인으로 압축해 볼 수 있다.

첫째는 역사적인 이유이다. 중국에는 자고이래로 천하가 세계국가로 형성되는 관념이 있어 왔고, 이것이 근대로 오면서 '통일'의 개념으로 모든 사람에게 깊이 인식되어 왔다. 『삼국지』는 "분열이 오래되면 합쳐지고, 합쳐진 것이 오래되면 반드시 분열하게 된다[分久必合, 合久必分]"는 통일과 분열의 변증적 진행을 보여주지만 종국적으로 추구하는 것은 통일이었다. 이와 같이 중국의 지식인들은 '통일'을 정상적인 형태로, '분열'은 비정상적인 상태로 인식하게 되었고, 이러한 관념은 통일을 위해서는 어떠한 대가도 두려워하지 않는 '대 통일'을 추구하는 원동력이 되었다.

둘째는 지리적인 인식의 부족을 들 수 있다. 때문에 중국은 주변 국가를 경시하는 태도가 팽배해 있다. 이러한 관념은 자아 중요감(The sense of self-importance)과 어우러져 스스로를 과대평가하는 인식을 자연스럽게 형성하였다. 이리하여 현재 중국민족의 가장 특징적인 세계관으로 평가되는 유아독존적 사상체계인 중화사상이 출현하게 되는 것이다.

2) 중화(中華)사상

중국은 과거 2천여 년의 장구한 역사를 가지고, 극동의 대륙에서 독립적이고 고립적인 발전을 지향하는 대국으로 존재해 왔다. 앞에서도 언급했듯이 중국의 과거 2천 년에 걸친 전통사회는 거의 세계의 기타 문화와 격리된 채로 평형·고정의 불변 상태를 유지하여 왔다. 이러한 상황 아래 중국인은 스스로의 문화가 세계 제일이며 천하가 바로 중국민족의 자화상이라는 관념을 부지불식간에 갖게 되었던 것이다. 중국인의 이러한 자아 영상(自我影像)은 기본적으로 '한(漢)민족 종족 중심주의'에서 나온 것이다. 사회학자인 섬너(Sumner)는 중국민족은 '강력한 아군(我群)'의 개념을 가지고, 기타 민족을 타군(他群)으로 간주하여 동이(東夷)·서융(西戎)·남만(南蠻)·북적(北狄) 등의 명칭으로 주변의 다른 민족들을 차별하는 우월의식을 갖고 있다고 주장한다. 사실 이러한 평가의 출발점은 중국적 문화의식에 그 기초가 있다. 이는 중국이 줄곧 주변보다 우수한 문화를 가지고 늘 문화를 수출했다는 점과도 밀접한 관계가 있다. 이런 관념에 기초하여 '종족주의'가 '중국 중심의 문화주의'로 전화(轉化)하게 되는 것이다.

이러한 배경에 의해 생성된 중화사상은 유아독존의 사상으로, 우월주의의 결정체라 할 수 있다. 따라서 현실적으로 중국이 기타 민족이나 국가보다 유리하고 강력한 위치를 점하고 있어야만 타자의 존재가 용인되고 중화세계의 전통질서가 유지된다. 그러나 반대로 중국이 열세에 처하게 되면 양이(攘夷)

의식이 팽배해져 강렬한 대외 멸시·배척의 행동이 나타나게 된다. 청말 의화단의 외세배척 운동과 문화대혁명 시기 홍위병의 영국 대사관 방화 등은 이러한 의식의 구체적 표현이라 할 수 있다.

중화사상의 기원도

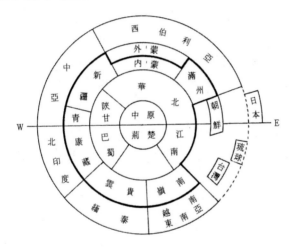

註 : 굵은 선 안이 2천여 년간 지속된 중화문화권.

3) 인본(人本)정신

문화의 형성에는 특정한 배경이 있으며, 이 배경의 상이함으로 인해 각기 상이한 문화의 유형이 나타난다. 대체적으로 세계적인 문화는 세 가지의 유형으로 분류할 수 있는데, 신

(神) 본위 문화와 물질(物質) 본위 문화 그리고 인간 본위(人本) 문화의 형태가 그것이다.

중국의 전통문화는 유가사상의 영향으로 인간 본위의 인본주의 색채를 띠고 있다고 할 수 있다. 『주역 周易』 「계사전 繫辭傳」에는 천·지·인이 삼재(三才)가 되고 '도는 우주 최고의 진리로서, 우주의 모든 만물은 도에 의해 행해짐[有天道焉, 有人道焉, 有地道焉]을 나타내는 구절이 나온다. 이러한 천인합일(天人合一) 자연율(自然律)의 중심이 인간에 있는 것이 중국 인본주의의 기저라 할 수 있다. 이밖에 공맹(孔孟)이 주창하는 인애(仁愛)사상 등도 인간이 중심이 되는 세계관을 강조하고 있다.

중국문화는 이렇듯 인도(人道)가 근본이 되고, 애인(愛人) 사상을 그 출발점으로 하고 있으므로 인본주의라 할 수 있는 것이다. 『상서 尙書』의 "하늘의 뜻은 백성의 뜻에서, 하늘의 덕 역시 백성들의 덕에서 나온다[天視自我民視, 天德自我民德]"는 말이나 『일주서 逸周書』의 "백성이 원하는 바는 하늘이 반드시 따른다[民之所欲, 天必從之]" 등의 말은 모두 천의가 민심으로부터 나오며, 또 민심으로 표현된다는 천인합일 사상의 표현이다. 이러한 기초 아래 소위 격물(格物)·치지(致知)·성의(誠意)·정심(正心)·수신(修身)·제가(齊家)·치국(治國)·평천하(平天下)의 도리가 중국 전통문화의 또 다른 특색이 되었다.

중국문화의 특징

범(汎)도덕형 문화

씨족사회의 전통 속에서 중국문화는 안정과 화해 그리고 선(善)을 추구하는 '윤리형' 문화구조를 발전시켜 왔다. 이는 그리스 문화의 소위 '진리'를 추구하는 '과학형' 문화전통과는 상당한 차이를 보인다.

'윤리형' 또는 '도덕형'으로서의 중국문화는 철학, 정치 등 제 분야에 그대로 투영되어 나타난다. 삼강오륜에 나타나는 부부간의 윤리, 정치적인 군신관계, 철학에서 말하는 음양, 과학에서의 연단술(煉丹術), 문학에서의 강유정변(剛柔正變) 등이 그것이며, 이러한 포괄적 도덕주의는 거의 모든 가치의 판단을 윤리관념과 결부시키고 있다. 전통 중국의 황제가 천재지변이나 사회의 동란을 자신의 실수로 '인정'하는 것 역시 일견 허위로 비칠 수 있으나, 이는 분명히 종법사회의 전통적 관념의 유산으로 볼 수 있는 것이다. 이러한 윤리관념의 강조는 많은 사건들의 가치 판단을 일부 집단이나 특정 인물에 의한 사변적 논의로 몰고 가 법치관념을 약화시키기도 하였다.

중국문화의 '도덕형'이라는 특색은 다음의 두 가지 측면에서 중요한 의미를 갖는다. 우선 긍정적 효과로서, 해당 시기 중국이 처한 특정한 역사적 조건 하에서 '도덕형'은 사람들에게 정의 수호에 대한 자각을 일깨워 주어 민족국가를 유지하는 데 기초를 제공하였다. 살신성인(殺身成仁)의 정신이나 사신취의(捨身取義) 등은 모두 이러한 문화적 기질을 보여주는 말이다. 이러한 문화적 기질은 수많은 민족 영웅들을 만들어 냈다. 북송 시대에 이민족인 금(金)이 침입하자 의용군으로 참가하여 국가를 위해 헌신하는 위에페이[岳飛]의 이야기, 여성의 몸으로 남장을 하고 전쟁터에 뛰어들어 나라를 지킨다는 화무란[花木蘭]의 이야기는 모두 이러한 전통 윤리사상에 대한 적극적 해석의 산물이다. 그러나 이러한 윤리 중심주의는 '군주에 대한 절대 충성'과 '부모에 대한 절대 복종'을 너무 고착화시켜, 봉건사회 후기, 이러한 관념에 변화가 생기기 시작할 때까지 너무나도 오랜 기간 동안 중국인들의 사유방식과 생활방식을 편협하게 하였음도 부인할 수 없다.

재생과 연속의 문화

중국문화가 농업 종법사회의 문화적 토양을 갖고 있음은 앞에서 살펴본 대로이다. 농업 중심의 종법사회에서 윤리도덕은 사회를 지탱해 주는 힘이 되었으며, 교육을 통한 윤리도덕 의식의 함양은 중국 전통문화에 완강한 내부적 응집력을 결집시켜 중국 민족문화의 보존과 유지에 확고한 기초를 제공해 주었다.

그러나 중국문화가 세계적으로 주목을 받는 이유는 단순히 중국문화의 연륜에 있는 것이 아니라 중국문화가 가지고 있는 강력한 생명력과 포용성 때문일 것이다. 중국문화 역시 상당한 기복 속에서 문화 단절의 위기를 겪기도 하였지만, 그때마다 거대한 재생 능력을 유감없이 발휘하면서 전통문화를 계승해 왔다. 특히 문학사에서 나타나는 시경(詩經), 초사(楚辭), 선진(先秦)의 산문(散文), 한대의 부(賦), 위진남북조 시대의 시문(詩文), 당대의 시, 송대의 사(詞) 그리고 원(元)대의 곡(曲), 명·청 시대의 소설에 이르기까지, 그 끊이지 않는 재생 능력은 세계 문화사에서 유래가 없는 일이다. 또 학술사상에 있어서도 선진의 제자학(諸子學), 양한 시대의 경학(經學), 위진의 현학(玄學), 수당 시대의 불학(佛學), 송대의 명리학, 청대의 고증학(考證學/樸學)에 이르기까지 거의 끊임없이 이어지는 놀라운 생명력을 보여준다.

이러한 중국문화의 생명력과 재생력은 중국 대륙의 폐쇄형 지리환경 및 농업 종법사회의 전통성과 밀접한 관계가 있다. 그러나 좀더 깊이 관찰해 보면 그 속에 흐르고 있는 동질적 인식과 적응력을 발견할 수 있다. 동질적 인식은 중국 고대문화의 응집력을 강화시켜 주었고, 적응력은 이(異)민족 문화와의 갈등 속에서 중국문화의 재생 능력을 제고시켰기 때문이다.

통일과 다원의 공존문화

문화사적으로 보면 인류 문화발전의 추세는 다원에서 일원으로 향하고, 일원에서 다시 다원으로 확산되었다가, 또다시 새로운 일원화를 도모하는 변증법적인 흐름을 가지고 있다. 중국문화도 예외는 아니어서 기본적으로 이러한 패턴을 보이고 있다고 할 수 있다. 다만 중국의 일원화는 중국이 가지고 있던 지리적 환경과 지역적 차이 그리고 정치사회적 수준의 불일치로 인하여, 중앙의 강력한 통일성에도 불구하고 매우 잠재적인 다원성의 요소가 늘 상존하고 있었기 때문에, 서방 문화와의 일률적 비교는 어렵다. 예를 들어 유학(儒學) 일체화라는 2천여 년의 전통 속에서도 다양한 사상조류가 중국에 분명히 존재하였음은 주지의 사실이다. 그러나 유학 일체화라는 전체적인 흐름은 중국 전통 속에서 결코 손상받지 않았기 때문에, 이것은 진정한 의미의 다원화라기보다는 일원 속의 다원화에 불과했다고 할 수 있다. 이는 중국 전통문화가 통일을 정상적인 상태로 간주했기 때문이다. 명·청대에 출현했던 조기 계몽사상마저도 결국은 유학 일체화의 틀을 깨지는 못했었다.

그러나 근대에 들어 서구 제국주의의 침탈과 함께 다양한 형태의 서방 사조가 중국으로 유입되었으며, 이를 통해 중국 문화도 근대적 의미의 실질적인 다원화의 길로 접어들게 된다. 다양한 사조들의 각축 속에서, 결국 사회의 통일성을 지향하는 사회주의 사조로의 통일이 이루어진 점은 중국문화의 또 다른 계승일지도 모른다. 현대 중국 정치가 보여주는 '공산당 지도 하의 다당 협력제[共産黨領導之下的多黨合作制]' 역시 중국 전통 정치문화의 새로운 계승으로 볼 수 있다. 이러한 중국이 이제는 다시 사회주의의 틀 속에서 시장경제를 통한 거듭나기를 시도하고 있으니, 현대 중국의 장래는 그래서 더욱 궁금하다.

세속형 문화

윤리도덕관을 중심으로 하는 중국문화는 서방문화와 달리 세속사회의 인간관계를 중시한다. 비록 중국문화에 신학(神學)적 색채가 없는 것은 아니지만 기본적으로 중국을 풍미한 윤리학설들은 모두 신(神)에 기반을 두지 않는다. 일찍이 선진의 제자백가들을 살펴보면 이는 더욱 확연해진다. 공자와 맹자는 인성(人性)을 출발점으로 삼았으며, 관중(管仲)은 경제생활을, 순황(荀況)은 사회 분업을, 노장은 사유 본체인 도(道)를 출발점으로 삼았기 때문이다. 중국 역시 은(殷)·상(商)대에는 종교의식이 통치적 지위를 가지기도 했었다. 그러나 주(周)대 이후에는 백성을 중시하고 신을 경시하는 중민경신(重民輕神)을 바탕으로 한 민본사상이 대두되었고, 이로 인해 중국에서의 종교의식은 일정한 제약을 받게 되었다. 이러한 점에서 중국문화의 종교적 색채는 서방문화와는 비교도 되지 않을 만큼 옅다.

물론 중국문화에 있어 종교의 역할을 무시할 수는 없다. 이백(李白), 두보(杜甫), 백거이(白居易) 등은 모두 불교의 영향을 받아 자신들을 거사(居士)로 칭했으며, 당·송대 이후에는 유학과 불학의 접목이 시도되어 신유학인 이학(理學)이 탄생하기도 하였다. 그러나 이학자들 역시 기본적으로는 모두 유가의 논리에 따라 현세적 성인을 지향하였으며 어떠한 종교적 해설도 가하지 않았다. 이러한 토대 위에서, 유가사상의 속박에서 벗어날 것을 주창하는 후한 시대의 왕충(王充)으로부터 부귀

귀천(富貴貴賤)이나 수요화복(壽夭禍福)은 모두 우연한 현상에 불과하며 귀신·천당·지옥 등의 존재를 인정하지 않은 청대의 웅백용(熊伯龍)에 이르는 중국의 무신론적 전통도 계승되었던 것이다.

그러나 중국의 문화체계 내부에는 그들의 가장 대표적인 출세(出世)사상인 도가(道家)의 '무위자연(無爲自然)' 관념이 확고히 자리잡고 있다. 이러한 입세(入世)와 출세의 두 가지 경향은 중국의 문화전통 속에서 서로 대립하면서 상호 보충적인 관계를 유지하고 있는데, 이는 현실 참여적인 유가 윤리와 현실 도피적인 도가사상의 사이에서 방황하는 중국의 많은 전통 지식인들에게 정신적 안위를 제공하기도 하였다.

정무(政務) 지향형 문화

정무 지향형 문화라 함은 일반적으로 정치 지향적, 관 본위(官本位) 문화를 뜻하는 말이다. 중국문화가 정치 지향적 문화의 속성을 가지고 있는 것은 중국 문화체계가 도덕 중심의 윤리관을 정치 원칙에 그대로 원용(援用)하려 했기 때문이다. 이는 중국의 많은 정치 원칙들이 왕왕 도덕 원칙에서 유추되었다는 사실, 그리고 정치적 원칙과 도덕적 원칙이 혼합되어 있다는 사실에서도 잘 드러난다. 예를 들면 삼강오륜은 원래 윤리관계를 강조하는 것이었으나 나중에는 정치규범으로 변하였고, 일부 도덕규범은 법률로 강제되기도 하였다. 이러한 면에서 중국문화는 윤리 정치형 특징을 가지고 있다고 말할 수 있는 것이다. 이러한 정치형 문화는 교육에도 그대로 투영되어 학문의 추구와 정치에의 참여가 불가분의 관계에 놓이게 되었다. 이에 따라 국가는 과거제도를 통해 윤리 도덕적 내용에 관한 측정을 실시하게 되었으며, 이러한 과거를 통한 등용은 바로 정치무대로의 진출을 의미하는 것이 되었다. 사실 중국은 세계적으로 고시를 통해 구성된 문관제도가 가장 일찍 그리고 가장 완전하게 갖추어진 국가였다.

이러한 정치 참여의 길은 사대부들로 하여금 생동감 있게 사회적 책임을 느낄 수 있는 전통을 마련해 주었다. 그러나 정치 지향적 문화체계는 한편으로 중국문화의 발전에 명백한 폐단을 초래하였다. 역대 왕조의 통치자들이 문화를 정치의 꼭두각시로 활용하면서 궁극적으로 각종 문화의 자유스럽고 독립적인 발전을 저해하였기 때문이다. 특히 유가학설이 정치와 결합하면서 '정치를 중시하고, 자연을 경시하며, 기술을 배척하는[重政務, 輕自然, 斥技藝]' 풍조를 조성해 자연과학 같은 철학 이외의 학문 발전을 결정적으로 방해하였는데, 이는 근대 중국의 운명을 결정짓는 전주곡이었는지도 모른다.

중국인의 정체성

지금까지 우리는 중국문화의 기본적인 형성 과정과 가치체계 그리고 수천 년을 이어져 내려온 중국의 문화적 특성을 고찰해 보았다. 이제 이러한 문화적 배경이 중국인의 행동양식에 어떠한 영향을 미치고, 중국인들의 행위에 어떠한 형태로 표출되는지를 살펴보자.

민족성의 형성

문화전통과 민족성의 관계

앞에서 살펴본 장구한 중국문화의 누적은 민족성과 어떤 관계가 있는가? 중국의 민족성을 형성하는 문화 배경을 다시 분석해 보면 역사적인 전통, 사상적인 전통, 사회구조, 정치·경제제도, 가치관 등의 복합적인 산물로 파악해 볼 수 있다. 이러한 문화의 누적은 한 민족에게 상당히 심층적이고 심오한 영향을 끼친다. 사람들은 오랜 세월에 걸친 문화양식의 영향 아래 있음으로 인해 본인도 느끼지 못하는 제약을 받고 있으며, 또 문화의 힘이 거대한 사회적 압력으로 작용하고 있음으로 인해 그 압력이 어떠한 것인지조차 느끼지 못하고 있다. 이와 같은 배경 하에 자연스럽게 나름대로의 민족성이 형성되는 것이다.

주지하는 바와 같이 중국은 유구한 역사·문화전통을 갖고 있는 문명고국이다. 중국인 특유의 민족성은 바로 장구한 문화 누적의 결과로서 형성된 것이다. 물론 중국 특유의 민족성 안에는 긍정적인 면과 부정적인 면이 공존하고 있다. 중국의 민족학자 사리엔시앙[沙蓮香]은 이를 중국이 수천 년간 외세에 굴하지 않았으며, 또 문화가 조숙했었다는 두 가지 면에서 분석하고 있다. 그는 중국 민족성의 장단점은 상호 보완적인 결합을 하고 있다고 주장한다. 즉, 완곡과 허위·유머와 교활·지족과 향락·미소와 계략·동정과 방관 등이 미묘하게 결합되어 때·장소·사람에 따라 다른 형태로 표출된다는 것이다.

사실 단순한 문화의 누적만이 민족성 형성 배경의 전부는 아닐 것이다. 일련의 사회심리학자들은 그래서 민족의 지적 능력에 많은 주의를 기울이고 있다. 그러나 비록 문화 누적이 유일한 결정 요소는 아니라 하더라도, 문화 자체가 복합적인 산물인 까닭에 그것이 다른 어떤 것보다도 결정적인 영향을 미치고 있다는 데에는 의심의 여지가 없다 하겠다.

문화전통과 사유체계

사실 중국과 같이 오랜 역사전통을 갖고 있는 국가에 있어서, 그들이 공유하는 가치관이 각종 사회문화 요소, 예를 들면 문화·역사·인격 등과 어떠한 영향관계를 가지고 있는가를 판별하는 것은 상당히 어려운 일이다. 이번 장에서는 우선 전통사회에서 형성된 비교적 포괄적인 가치규범들을 파슨스(Parsons)의 분류법을 참고하여 살펴보기로 한다.

일찍이 중국은 대천(對天)·대자연(對自然) 관념과 종법사회 및 봉건제도의 기초 아래 있었기 때문에, 인간의 행위는 당시 사회의 규범에 적합하여야만 사회의 인정을 받을 수 있었다. 춘추전국시대 이전에는 제자백가의 사상이 비교적 자유로운 상태였으나, 한 무제 때 동중서(董仲舒)의 건의가 받아들여진 후 유가가 영도적 지위를 확립하게 되면서, 이후 2천여 년에 걸쳐 유가는 중국의 사상계를 지배한다. 소위 유가전통이라 함은 공자의 '인(仁)'이 중심이 되는 도덕규범으로 맹자·동중서·한유(韓愈)·주희(朱熹) 등이 그 맥을 이어 왔다. 이러한 유교사상은 이분법적 사회 형태를 형성하여 엄격한 종속관계의 유지를 통한 권위적인 체계를 형성하였고 이 권위 계통이 바로 중국 정치와 사회, 가족을 유지하는 사회적 기능을 해왔다.

이러한 체계 아래 형성된 중국인의 전통과 권위에 대한 특징은 아래와 같이 나눌 수 있다. 첫째, '天(이는 또 우주를 대표한다)'·황제·연장자 및 정치사회적으로 지위가 있는 사람에 대한 복종, 둘째, 과거의 지식과 경험에 대한 존중, 셋째, 기존의 사회규범에 대한 순종, 넷째, 집단의 명예와 이익 존중 및 개인에 대한 홀시 등이다.

유가 질서의 권위 : 복종체계

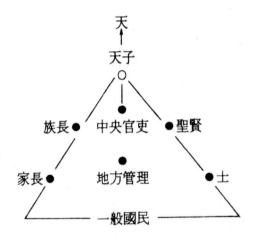

이와 같은 유가전통의 가치관은 2천여 년간 중국인으로 하여금 유가의 사고 범위 밖으로의 사색을 허용하지 않았다. 따라서 이러한 역사전통 아래 성장한 중국인이 비교적 보수적이고 현실 만족적 경향을 띠게 되며, 창조적 경향보다는 기존의

틀을 지키는 성향을 나타내는 것은 어쩌면 당연한 일인지도 모른다. 앞에서도 언급하였듯이 중국은 농업국가로서, 사회를 구성하는 네 계층 중 사대부 아래 계급들은 거의 모두 농업에 종사하여 왔다. 이러한 상황에서 독서를 통한 '공명'과, '토지'를 매입해 지주가 되는 신분 상승 형태는 최고의 성취 가치였다.

이러한 유교사상을 근간으로 하는 성취 가치 달성의 기저에 도덕적인 규범이 자리하고 있음은 물론이다. 웨이정퉁[韋政通]은 "전통 중국의 사회는 범 도덕주의의 사회로서 정치적으로는 덕치를, 사회적으로는 덕행을, 경제적으로는 의리를, 개인적으로는 적어도 충효의 윤리를 견지하고 있다"고 주장한다. 이러한 관점에서 유가의 윤리사상은 중국의 전통으로 자리잡은 이후 어떻게 '인'을 실천할 것인가에 논쟁의 초점이 맞추어졌다.

한편, 전국시대 이래로 유가의 파벌이 많아짐으로 인해 '인'에 대한 일치된 견해의 도출이 어려웠던 것도 사실이다. 그렇지만 유가 윤리의 인도 아래 전체적으로는 충·효·인·애·신·의·화·평등의 여덟 가지 덕목[八德]이 중국인 전통 가치의 주류를 이루고 있다. 이러한 도덕 가치관은 사대부(士大夫)계층뿐 아니라 일반인에게도 상당한 정도의 긍정을 받았다. 그러나 이러한 도덕 가치가 일정 범위 내에서 집단주의 및 전체주의의 보수성을 조장하였다는 점도 간과할 수 없을 것이다.

중국인의 민족성

민족성의 개념

중국의 민족성을 논하기에 앞서 우선 민족성의 기본적인 개념을 살펴볼 필요가 있다. 민족성은 민족 성격·국민성이라고도 한다. 영문으로는 모두 'National Character'라는 단어로 표현되며, 한 민족 또는 한 국가의 문화 속에 깊숙이 스며 있는 정신 또는 의의를 나타낸다. 이와 같이 민족성이라 함은 어떤 민족 내부를 일관되게 관통하고 있는 문화정신으로서 '민족 심리'와, 민족 심리로 구성되는 특유의 '민족 성격·민족 풍채·민족 풍조' 등의 형태로 나타난다. 민족성은 개성·인격 등의 상대적인 개념이다. 개성·인격 등의 개념은 개체를 대상으로 한 것으로 'personality'로 표현된다. 민족성은 바로 이러한 개체들이 공유하면서 반복적으로 표현해내는 심리적 특성과 성격을 민족 전체적으로 표출해내는 것이다. 쨩저쉬엔[莊澤宣]은 『민족성과 교육』이라는 책에서 "민족성은 한 민족 안에서 개인 상호간의 영향으로 생겨나는 사상·감정과 의지로서 개인에게 압박과 독촉(재촉)으로 작용한다"라고 하였다. 이는 민족성이 한 민족 내부의 심리 과정으로, 개인으로 하여금 타인과의 상호 교류를 통한 공감을 거쳐 한 민족의 정신생활과 사회생활을 유지시켜 준다는 말과도 일맥상통한다.

물론 이러한 개인과 타인과의 관계에는 연령·직업·개인차 등으로 인해 상당한 차이를 나타낼 수 있다. 그러나 민족성은 바로 그럼에도 불구하고 보편적이고 융화적인 성격을 띠는 공통적이고 대표적인 성향을 말하는 것이다. 결국 민족성은 민족 군체에 존재하고 있는 일종의 정신 현상이라 할 수 있다. 이러한 기본 개념을 바탕으로 전통문화를 기저로 한 중국의 민족성을 고찰해 보자.

중국인의 민족성

서두에서도 언급하였듯이 19세기 중엽부터 동서양의 많은 학자들이 문화와 인격이라는 주제로 많은 연구를 해왔다. 이러한 학문 경향은 심리인류학이라는 새로운 분야를 개척하기도 하였다. 이는 베네딕트(Bendict)의 문화모식(文化模式, patterns of culture)론, 카디너(A. Kardiner)의 기본인격 구조(basic personality structure)론 또는 퓌 브라(Pu Bois)의 전형인격 구조(model personality structure)론 등으로 대표된다. 이러한 것들이 모두 우리가 일반적으로 부르는 민족성의 구조적 개념이다. 이러한 서방 학자들뿐 아니라, 1920년대 중국 신문화 운동 중 몇몇 중국의 학자들도 자아 민족성에 관해 여러 가지 의견을 제시하였다. (당시 대부분의 중국 지식인들은 서방 제국주의의 침탈에 속수무책으로 당하고 있는 중국의 전통성에 실망과 회의를 품고 있었기 때문에, 그들 자신들을 바라보는 시각도 매우 비판적이었다.) 지면 관계상 모든 의견을 다룰 수 없으므로 여기서는 가장 보편적인 몇 가지 의견을 살펴보기로 한다.

1) 영국인 선교사 스미스(A.H. Smith)는 약 110년 전에 중국인의 성격을 아래와 같이 묘사하였다.

① 체면 중시

② 의심이 많다.

③ 시간을 지키지 않는다.

④ 외국인을 경시한다.

⑤ 신경이 둔하다.

⑥ 단체의식·동정심·공덕심이 결핍되었다.

⑦ 과도한 보수성을 가지고 있다.

2) 미국의 중국학자인 라이트(Arthur Wright)는 중국인의 전통 성격을 다음과 같이 인식하고 있다.

① 권위에 대한 복종

② 예법 중시

③ 과거 역사 존중

④ 好學과 전통 경전 중시

⑤ 점진개혁사상

⑥ 중용

⑦ 平和愛好

⑧ 自重과 자존 중시

⑨ 규범적 생활

3) 린위탕[林語堂]은 그의 저서 『우리나라, 우리 민족 吾國

與吾民』(영제 : *My country and My people*)에서 중국인을 아래와 같이 묘사했다.

① 온건

② 순박

③ 자연 애호

④ 인내

⑤ 교활

⑥ 가능도 없고 불가능도 없다.

⑦ 근면 검약

⑧ 가정생활 중시

⑨ 平和愛好

⑩ 보수·향락적

4) 량수밍은 당시의 각종 의견을 종합하여 중국인의 성격을 아래의 열 가지로 귀납하였다.

① 근검하다.

② 이기적이다.

③ 예절을 중시한다.

④ 평화적이며 문약(文弱)하다.

⑤ 안분지족한다.

⑥ 수구적이다.

⑦ 대충대충 넘어가는 경향이 있다.

⑧ 인내심이 많으며 잔인하다.

⑨ 유연성이 있다.

⑩ 원숙하고 노련하다.

중국인의 민족 성향

이상을 살펴볼 때 중국인의 민족성은 전체적으로

① 농경사회에 기반을 둔 자연 순응성

② 수많은 전란을 겪으면서 형성된 반전(反戰) 평화성

③ 대륙문화의 정태적 환경 속에서 형성된 유약성

④ 현실 참여적인 유가 가치의 현실성

⑤ 내세관(來世觀)이 없는 유가철학의 향락성

⑥ 자기중심주의에서 파생된 이기성

⑦ 자기와 관계되지 않으면 냉담한 외면성

⑧ 계층 이동이 어려운 상황에서 형성된 우둔성

⑨ 중화사상에 바탕을 둔 민족 우월성 등을 그 특징으로 꼽을 수 있다.

다음의 표는 역사적으로 중국민족과 관련되어 늘 출현하는 주요 논점들이다. 필자는 다시 이러한 견해를 종합하여, 중국인의 민족 성향을 그들이 기본적으로 공유하고 있는 사회문화 전통과 연결하여 살펴보고자 한다. 전통적 사회문화 측면에서 볼 때 앞에서 언급한 각종 항목들을 중국인들이 공유하는 중국적 가치체계와 결합해 보면 우주관·인생관·사물관의 세 가지 방면으로 분류가 가능하다.

중국인의 민족성과 관련된 주요 논점들

논점별	관점의 예
1. 仁愛慈悲 反省修養	유교 중시. 감정 본위. 논리정신. 자선. 정감 중시. 合情近理. 개인 수양 중시. 自尊自謙. 內性偏向. 各自相安. 은혜와 정.
2. 至大至剛 平和敦厚	화합 중시. 평화 애호. 박애와 평화정신. 자연 귀향. 비호전성. 협의의 민족관념이 없다. 자치 중시. 平和文弱. 厚德. 평화주의.
3. 中庸謙讓 圓熟含蓄	安命不爭. 타협. 안정. 경쟁력 쇠약. 持中. 화해. 중시. 겸양. 완곡. 자숙. 겸손. 냉담.
4. 聰明機敏 自强不息	自强不息. 堅强有爲. 민첩. 智仁勇. 法自然. 放達. 창조적 재능. 向上之心. 과학정신. 이성주의.
5. 勤儉忍耐 安貧樂道	향락주의. 적응력. 끈기. 인내. 보수와 형성. 천명 중시. 無創造性. 전통주의. 절약. 근면. 안분지족.
6. 模糊無知	퇴화. 과학발명 결핍. 差不多. 주의력 분산. 창조능력 박약. 사이비. 愚昧迷信. 논리사상 결핍. 탁상공론. 호기심결핍.
7. 自私自利 虛僞欺瞞	표리부동. 기만. 무민족주의. 산만. 자아주의. 好利. 利己. 無情. 잔인.
8. 家族至上 權威主義	범도덕주의. 중의사상. 집체주의. 농민 성격. 존비상하. 조상 숭배. 개인권리 멸시. 충효. 독립정신 결핍. 순종 성격.

우주관으로 본 민족성

1) 천명(天命)사상

중국민족의 천명사상은 태고 시대부터 현재에 이르는 일관된 사조로서 중요한 민족성 중의 하나이다. 그러나 이도 세월의 변천에 따라 적지 않게 변화하였다. 즉, 천명사상에 사리의 개념이 더해졌으며, 여기에 하늘을 숭배하는 숭천(崇天)사상이 결합되면서 일종의 종교적인 형식을 갖추게 되었다. 일반적인 서민들은 인력으로 할 수 없는 일에 봉착하게 되면 천명에 기탁하는 경향을 띠게 되었다. 쟝저쉬엔은 이러한 천명사상이 중국민족의 창조력 결핍을 초래하였다고 주장한다. 어쨌든 천명사상은 중국인들의 의식 속에 깊숙이 자리잡고 있으며, 쟝저쉬엔이 주장하는 대로 미신과 운에 의존하는 경향을 초래했다고 할 수 있다.

2) 자연 방임주의

이는 앞의 천명사상과 밀접한 관계가 있다. 중국인의 자연성에는 농촌사회와 자연에 의지할 수밖에 없는 국한성이 중요한 요인으로 작용한다. 모든 농촌사회의 특징처럼, 인위적인 노력 뒤에 자연의 은택을 기다리는 자연 순응적인 생활방식이 습관화된 것이다. 이러한 자연방임의 성질은 두 가지 성향으로 발전하게 되는데, 하나는 보수적인 경향을 띠어 타성으로 발전했으며, 다른 하나는 자연을 애호하는 조용한 민족성을 길러내었다. 여기에 노장철학의 자연무위 사상은 소극적 사회에서 쉽사리 체념이나 하는 숙명론적, 비생산적 민족성을 형성하기도 했다.

3) 현실주의

중국인의 우주관은 현세(現世)사상을 기초로 하고 있다. 즉, 내세보다는 살아 있는 인간 중심의 사회를 중요시하였다. 이러한 현실감은 종교·신앙의 결핍을 초래하면서 소극적이고 단순한 현실성으로 반영되었다. 이는 중국 전통사상의 주류인 인본주의나 윤리 강령 등이 현재의 실제 행위를 강조한 데서 그 출발점을 찾을 수 있다. 유가적 사회가치의 실제 표준인 수신·제가·치국·평천하의 행동 강령은 중국인을 현실적이고 유물적인 민족으로 만들었다.

인생관으로 본 민족성

앞에서도 살펴보았듯이 중국인의 관념에는 가족관계의 개념이 상당히 중요한 위치를 점한다. 이러한 가족관계의 충실한 유지에는 중용·조화·평화 등이 중요한 요소가 된다. 또, 여기서 파생되는 유약함과 인정·이기심 등도 중요한 민족성의 표현이다.

1) 중용(中庸)

중국인은 중용의 도를 상당히 중요시한다. 소위 중용이라 함은 어느 쪽으로도 기울지 않는 가운데를 일컫는 말이다.

예로부터 중국은 농업 종법제도에 의해 형성된 사회사상에 따라 조화·절충 등을 귀히 여기고 집중·과도·극단 등을 배척하는 성향을 띠고 있다. 이는 중국 고대의 극단 전제주의에 대한 반발의 성격을 나타내고 있다고 할 수 있다. 이러한 '중용'은 역사적으로 집중과 적중의 두 가지 형태로 나타나는데, 이는 중국인의 표준적인 사유방식이라 할 수 있다. 중국인이 평화를 사랑한다는 말은 바로 조화와 절충을 통한 중용의 덕을 표현하는 것이기도 하다. 그러나 역사적으로 과도한 절충과 조화로 인해 진취성이 말살되어 커다란 손해를 본 적도 있었다.

2) 평화와 문약(文弱)

중국 제자백가 사상의 공통점은 반전이며 평화였다. 따라서 기사도보다는 문사도(文士道)가 높이 평가되어 비록 문학적 나약함에 빠질지라도 평화를 향한 집념은 상당히 강했다. 웨이정퉁[偉政通]은 이것이 중국 전통의 내성외왕(內聖外王) 사상 풍토 위에 불교의 영향까지 받았기 때문이라는 분석을 하였으나, 과도한 평화의 갈구가 진취성을 파괴하고 소극적인 민족성의 탄생에 일조했다는 점은 부인할 수 없다.

이러한 문약은 도가의 무위자연 사상의 영향도 많이 받았다. 부드러운 것이 강한 것을 제압할 수 있다는 것으로 합리화된 유약성(柔弱性)은 중국인을 여성적이고 함축적으로 만들었다. 이러한 함축성은 겸손의 형태로 표현되어 좀처럼 자기를 노출시키지 않는 민족성을 형성하였으나 반면에 이러한 경향은 때에 따라서 의뭉하다는 힐난을 받기도 한다.

3) 인정과 잔인

중국인들은 스스로를 인정미가 농후한 민족이라고 추켜세운다. 중국인들은 정감을 강조하여 논리적인 분석은 그다지 중시하지 않는다. 이러한 비논리적인 경향은 왕왕 심각한 사회 문제를 일으키기도 한다. 즉, 감정에 얽매여 책임감에 대한 의식이 희박한 나머지, 공과 사가 구별되지 않는 현상들이 노출되기도 하는 것이다. 실제 현재 중국사회에서 나타나는 뇌물, 과다한 선물, 상대방에 대한 과도한 찬양 등의 보편적인 현상은 그 좋은 예이다.

반면에 중국민족에게는 정감과 반대되는 잔인성이 있다. 이러한 잔인성은 혼란한 시기에는 반드시 출현하였다. 농업국가인 중국의 국민들은 숙명적인 자연관을 갖고 있는 까닭에, 자연 앞의 하찮은 존재인 인간의 생명은 인간 스스로가 제어할 수 있는 것이 아니라고 여겼다. 따라서 어떤 때에는 상상할 수 없을 만큼의 잔인성을 드러내기도 한다.

심지어는 살인이나 비인도적인 행위도 정당한 이유에서였다면 옳은 행위로 간주되기도 한다. 특히 이러한 예는 혼란 시기에 많이 나타났는데, 중국인은 일단 군중심리가 발동되면 온갖 이유를 들어 자신들의 행위를 최대한 합리화시키는 데 아주 익숙한 편이다. 그러나 그다지 논리적이지 못하기 때문에 억지라는 얘기를 자주 듣기도 한다.

4) 체면[面子]과 수치감

체면이라는 말은 우리가 일상생활에서 상용하는 말이다. 그러나 중국역사의 경전이나 품격 높은 책에서 이 단어를 찾기란 쉽지 않다. 유교 경전인 사서(四書)에는 '치(恥)'라는 형태로 체면이 표현되고 있다. 일반적으로 한 사람이 체면에 손상을 입게 되면 치욕감을 느끼는 것은 자연스러운 현상이다. 이러한 관점에서 일부 서방 학자들은 서방의 '죄 문화(guilt culture)'와 상이한 개념으로 중국의 그것을 '치(恥) 문화(shame culture)'라고 칭하고 있다.

사실 중국인이 체면의 손상을 두려워하는 가장 근본적인 원인은 그 자신이 내재하고 있는 도덕의식 때문이다. 그러나 과도한 체면의 중시는 '체면=명예감'이라는 묘한 등식을 성립시켜 부정적인 측면으로 작용하기도 한다.

5) 근검과 인내

중국인의 근검과 인내는 거의가 농업사회 구조 아래서 형성된 것이며 유가나 묵가의 '민생은 근면에 있다'는 학설과도 무관하지 않다. 농업사회의 가장 큰 특징인 '애쓴 만큼 수확'하는 원칙에 따라 열심히 노동하고, 또 자연 현상이 이 원칙을 지켜 주지 못할 때를 대비해서 절약하는 습관이 이를 자연스럽게 형성시켰다. 이러한 근검정신은 안빈낙도(安貧樂道)적인 생활을 합리화시켜, 결국 중국을 진취적으로 발전시켰다기보다는 그냥 현실에 안주하게 하여 수천 년의 빈곤에서 헤매게되는 부정적 현상을 초래하기도 하였다.

농촌사회에서 필요한 또 다른 중요한 덕목은 인내이다. 진시황 이래의 전제정치를 견뎌 온 인내는 차치하더라도, 지리적·기후적 악조건을 극복해 온 정신은 고귀한 것이 아닐 수 없다.

중국에서의 보다 중요한 인내는 정신적인 인내이다. 그러나 이는 린위탕도 '환멸스러운 민족성의 하나'라고 비판하였듯이, 루쉰[盧迅]의 소설 「아큐정전 阿Q正傳」에 나오는 아큐처럼 반항할 줄 모르는 민족성은 중국인을 비굴하게 보이게 하였으며, 자유를 구속하고 인권을 유린한 많은 예를 만들었다.

사물관으로 본 민족성

1) 안빈낙도(安貧樂道/知足樂觀)

중국인은 안빈낙도의 관념이 강하며 상당한 향락성도 가지고 있다. 현실감을 중시하는 중국인은 발전보다는 현실생활 중에서 안정적으로 향유하고 즐길 수 있는 것들을 찾아 왔다. 망중유한(忙中有閑)이니 어려운 가운데 여유를 즐기는 고중작락(苦中作樂)이니 하는 성어에서도 나타나듯, 안빈낙도의 사상은 민심에 깊숙이 자리하고 있다.

이것은 중국 고래의 제자백가 사상이 소극적인 물질 절제를 통한 내심의 안정을 추구하는 데 편중된 공통 원칙을 갖고 있었다는 점과도 무관하지 않다. 유가의 과욕(寡慾)·도가의 무위(無爲)·묵가의 비낙절용(非樂節用) 등의 관념이 그것인데, 이러한 사상 근원은 소극적인 태도와 숙명론을 팽배시켜, 소극적이고 순종적인 중국인의 성격을 만들어내었다.

소극적이고 순종적인 중국인의 대표적 의식이 바로 은인자중성(隱人 自重性)이다. 중국의 역사를 보면 이 자중성은 두 가지 형태로 표현된다. 하나는 자신들이 가진 능력의 한계를 절감하고 소극적인 성향을 보이는 주관적인 순종이며, 다른 하나는 정해진 권위-복종 질서 속에서 당연히 받아들여야 하는 단순한 순종이다. 특히 중국사회의 문화적 리더 그룹인 사대부들도 적극적으로 현실에 참여하지 못하고 보수적이고 수세적인 모습을 보이는 유암의식(幽暗意識)을 갖고 있었으니, 사회적 의견을 선도해내는 데는 명확한 한계가 존재하였다. 그러나 이와 같은 순종적 성격도 일정한 정도를 지나 더 이상 참을 수 없게 되면 혁명적 성격으로 변했으니, 음미해 볼 만한 일이다.

2) 이익 추구[好利]와 냉담

중국민족의 실리를 위한 이익 지향의 성격은 매우 발달되어 있으며 공명의 관념 또한 상당히 강하다. 이러한 이익 추구 경향은 앞에서도 살펴본 바와 같이 실제 가치를 추구하는 사상에서 온 것이며, 직접적인 원인으로는 개인 또는 개인 경제의 기형적인 발달과도 관련이 있다. 또한 전제정치의 독선과 흉년에 대한 반(反)선택 작용으로 볼 수도 있다. 끝없는 전제의 폐해와 흉년은 한편으로는 절약하는 미덕을 양성하기도 하였으나, 그 빈도가 늘어 가면서 점차 사리에 급급한 이기적인 행태가 보편적으로 나타났다.

중국인은 가족관계를 매우 중시하며 정치적으로 인치(人治)주의의 그늘 아래 있어 왔다. 이는 법률의 보장을 받을 수 없다는 것을 뜻하며, 이에 따라 중국인은 남의 일에는 신경 쓰지 않는 냉담함을 드러내게 되었다. '자기 문 앞의 눈만 치우는 식'이라고 표현되곤 하는 심리 상태는 바로 이기적인 냉담성의 대표적인 예라 할 수 있겠다.

이와 같은 태도들은 진취적이고 창조적인 사업에 대한 비판적인 태도를 강조하게 되어, 현 상태에서의 변화를 원치 않는 일종의 무기력증까지도 출현하게 하였다.

3) 모호와 무지

일반적으로 중국을 말할 때, 가장 포괄적인 개념으로 사용되는 말이 아마 모호·애매 등일 것이다. '중국은 되는 것도 없고 안 되는 것도 없다' 등의 흔히 쓰는 말들이 바로 이러한 속성의 대표적인 표현이라 할 수 있다. 량수밍도 중국인은 정확을 추구하지 않으며 시간 약속도 잘 지키지 않고 숫자개념이 부족한, 불철저하고 규율이 없는 성질을 가지고 있다고 지적한 바 있다.

이러한 모호성은 중국민족이 무지하다는 데 그 출발점을 두고 있다. 외국인을 차치하고라도 5.4 운동을 전후한 신문화운동 때에는 당대 최고 지식인의 하나였던 후스[胡適]조차 중국인을 생각 없는[無思無慮] 민족이라고 힐난한 바 있다. 그는 중국과 서방문화의 가장 근본적인 차이는 바로 한쪽은 '알고자 하는 정신'이 결핍된 자포자기식의 생각 없는 문화이며 다른 한쪽은 끊임없이 진리를 탐구하는 문화였다는 데 있고, 이로 인해 중국이 필연적으로 열세에 빠질 수밖에 없었다고 주장하기도 하였다.

이상과 같이 단편적이나마 중국의 민족성을 살펴보았다. 물론 이외에도 언급되지 않은 많은 항목들이 있을 것이다. 그러나 대개는 앞에 언급한 항목들에서 파생 또는 유추가 가능한 유사한 내용들이다.

중국인의 인격 모델

주지하는 바와 같이 중국의 전통사회를 지배한 도덕 가치의 주류는 유가사상이었다. 그러나 그것이 주류였음에는 틀림없지만, 중국인들은 역사적으로 수많은 곡절과 간난(艱難)을 겪으면서 서로 다른 몇 가지 형태의 인격과 행위를 표출해내고 있다. 이는 앞에서 살펴본 대로 중국사상이 서방의 종교관과 비교되는 철학적인 특징을 갖고 있는 것을 비롯해 다양한 사회문화적 배경을 갖고 있기 때문이다. 웨이정퉁은 전통적인 중국인의 인격 행위를 네 가지 인격 모델로 분류하였다.

첫째, 맹자로 대표되는 유교적 인격,

둘째, 장자로 대표되는 장자 철학의 인격,

셋째, 장자(莊子)정신을 진일보 세속화한 사람으로 평가받는 죽림칠현(竹林七賢)의 중심인물이었던 완적(阮籍)의, 유교 사상에 대한 부정과 기존 질서에 대한 저항을 강조한 자유분방한 인격,

넷째, 왕산(王山)으로 대표되는 자신의 기준에 미치지 못하면 절대 타협하지 아니하는 강건한 정절 인격 등이다.

중국 전통의 역사와 사회에서 나타나는 이러한 네 종류의 인격은 모두 개인적인 고심과 시대적 상황의 산물이었다. 린위탕이 『우리나라, 우리 민족』에서 "환경이 넉넉할 때의 모든 중국인은 공자의 신봉자였었고, 환경이 불우했을 때엔 모든 중국인이 노자의 신봉자가 되었으니, 도가는 소요(逍遙)와 유희의 자태를, 유가는 행위와 건설의 자세를 세워 주었다"라고 주장하였듯, 이러한 인격 모델의 출현은 상당한 역사 문화적 설득력을 가지고 있다.

이상으로 중국의 전통 사회문화의 배경과 이를 통해 형성된 중국인의 민족성을 고찰해 보았다. 그러나 중국에 있어서의 가장 실질적인 변화는 아편전쟁 이후의 피동적 문호 개방, 사회주의 정권 수립 이후를 기점으로 전통 질서와 충돌하면서

빚어진 사회 변동 그리고 1978년 이후 개혁개방 정책의 실행 이후에 중국에서 벌어지고 있는 공전의 변화일 것이다. 이제 전통 중국의 사회문화적 토양에서 형성된 중국인의 민족성이 어떻게 변화하고 있는지를 살펴보자.

당대 중국 정체성 변화의 토대

중국인의 전통과 민족성에 대한 재인식

전통에 대한 재인식

중국인이 유구한 역사 속에서 일찍이 자신들의 거주지를 세계의 중심으로, 자신들의 문화를 세계 속의 중심으로 간주하여 왔음은 주지의 사실이다. 이러한 시각은 19세기까지도 지속되었으며 이러한 행태는 한(漢)민족 중심주의에 바탕을 둔 종족 본능의 집단적 무의식과 유사한 색채를 띠고 있다.

그러나 중국은 아편전쟁으로부터 시작된 서방사상과의 접촉을 통해 피할 수 없는 근대화 과정을 겪게 되면서 '세계 제일'의 꿈속에서 깨어나기 시작한다. 물론 이러한 의식 전환의

선두에는 문화적 자각성을 갖고 있었던 일단의 지식인들이 주축이 될 수밖에 없었다. 중국은 이러한 과정을 통해 근대로 접어들면서 다섯 차례에 걸친 비교적 체계적인 자기 검토를 하게 된다. 이는

① 명말 청초의 사정(邪正) 논쟁

② 아편전쟁과 양무운동 시기의 이하(夷夏) 논쟁

③ 무술 유신 전후의 중학(中學)과 서학(西學) 논쟁

④ 5.4 운동 전후의 동서 문화와 사회주의 논전

⑤ 중국이 어떠한 문화를 채택하고 어떠한 길을 선택할 것인가의 논쟁 등이다.

물론 이러한 보수적인 색채의 논전은 그 한계가 뚜렷했으나, 당시까지의 보편적인 민족심(民族心)이었던 '중앙 대국'의 오만한 심리에 심각한 충격을 가하기에는 충분했다. 이중 '5.4 신문화 운동'은 독특한 문화혁명이었다. 이는 이전 중국 고대 사상가들의 사색 스타일과 다른 것이며, 유럽의 문예부흥 사조와도 구별되는, 중국 문화사에 있어서의 커다란 전환점이었다.

그러나 이 신문화 운동은 과중한 자학(自虐) 심리를 중국인에게 안겨주어 허무주의의 재생을 초래하기도 하였다. 또, 계몽적 성격을 띤 형이상학적인 사고는 시간도 촉박했을 뿐 아니라, 일반 국민들의 의식 제고가 수반되지 못한 관계로 단지 선봉적인 계몽 역할을 수행했다는 데 큰 의의를 둘 수밖에 없었다. 이러한 논쟁은 현재까지도 계속되고 있으며, 지금도 역

시 중국 발전이라는 맥락에서, 전통문화의 계승과 발양이라는 주제로 이에 대한 연구가 계속되고 있다.

당대 민족성에 관한 자아인식

현대 중국은 1949년 정권 수립 이래, 특히 1979년부터 시작된 개혁개방 정책 실시 이후 공전의 대변화를 겪고 있다. 이제 중국 전통사회를 지배했던 봉건 종법사상이나 소농(小農) 의식 등은 현대화를 추구하는 사회구조와는 어울리지 않는다. 더욱이 공산 정권의 사회적 통제 행태는 말할 필요도 없을 것이다. 어쨌든 중국은 사회구조나 사회를 운영하는 메커니즘 그리고 가치관에 있어서 상당한 변화를 겪고 있는 중이다. 이러한 변화는 자의든 타의든 결국 현재의 조류에 적응하는 새로운 민족성을 창조해낼 소지를 다분히 가지고 있다. 전통에서 현대화를 향한 다양한 형태의 변천 추이를 살펴보면 현대 중국이 갈 길이 더욱 명확해진다.

이러한 사회적 변화와 더불어, 잘 알려져 있는 바와 같이 1980년대 중반부터 중국 문화계에서는 소위 '문화열(文化熱)'이 불면서, 중국문화나 민족성에 관한 재조명 작업이 활발하게 이루어지고 있다. 전통 유학의 현대적 조명을 추구하는 신유가(新儒家) 운동도 그렇고, '황하의 상흔(河殤)'이나 '만리장성을 바라보며(望長城)' 등의 다큐멘터리 물을 통한 반(反)전통 논쟁(황하나 만리장성 같은 중국의 상징물을 통해 전근대적인 중국의 허위의식을 극복하려 했다), 또 『추잡한 중국인 丑陋的

中國人』등의 책에서 표현되고 있는 민족성 개조 문제 등이 바로 그것이다.

앞에서도 언급하였지만 1840년대 아편전쟁 이후, 특히 1949년 사회주의 정권 성립 이후, 중국인들은 반복되는 혼란의 소용돌이 속에서 살아왔다. 이 시기에 중국은 정치·경제·사회적으로 전근대적인 특성들을 많이 보유하고 있었다. 그러나 1979년 소위 개혁개방의 바람이 불면서 이미 돌이킬 수 없는 변화가 나타나고 있다. 이제 중국은 적어도 경제적인 면이나 사상적인 면에 있어서는 다원화의 방향을 피할 수 없는 상황이다. 이러한 시기에 그들 스스로의 민족성에 대한 인식이 어떠한가를 피상적으로나마 살펴보는 것은 상당히 중요한 일이다. 다행히도 이제 중국의 학술계는 현재까지 중국 민족성에 관한 연구가 주관성에 치우친 묘사·논술이었던 것과는 달리 비교적 과학적인 설문 조사를 통한 분석 자료를 많이 내놓고 있다.

최근의 조사에 의하면 현대 중국인들은 스스로를 총명하고 기민하며 끝없는 노력을 하는 민족으로 생각하고 있다고 한다. 이는 중국인들이 가지고 있는 전통적인 자긍심의 발로로서, 한 민족의 발전 가능성에 긍적적 영향을 미치는 민족의식이다. 특히 이는 WTO 가입이나 2008년의 올림픽 유치 그리고 유인 우주선 발사 성공 등의 민족주의적 정서 고양과 더불어 국가적 차원에서의 긍정적인 파급효과가 기대된다. 또, 경제 제일주의 풍조 역시 중국인의 향상심(向上心)을 자극하고 있다. 이는 중국사회의 전체적인 발전이라는 측면에서 상당히 고무적인 일로 여겨진다.

한편 위의 조사에서는, 가장 큰 결점이라고 생각하는 민족 성격으로 이기심·질투·허위 등을 꼽은 것으로 나타났다. 종족 지상주의와 권위주의도 지양해야 할 민족성으로 분류되었다. 이는 앞서도 살펴본 것처럼 중국의 전통문화와 밀접한 관계가 있다 하겠다. 중국인들이 자신의 민족 성격에 대해 새로운 인식을 하는 것은 변화하는 현대 시장경제에 적응할 수 있는 새로운 민족성의 창출에 많은 관심을 기울이고 있음을 뜻하는 것이다.

당대 중국인 행동양식 변화의 기초

중국인의 행동에 영향을 미치는 전통문화적인 토대는 다음의 두 가지로 정리할 수 있다. 하나는 혈맥주의(血脈主義)적 관점으로서, 가족적 표현은 윤리적으로, 종교적 표현은 현세적으로 나타난다. 또, 경제적으로는 실리적인 표현을 하고 있으며, 사회적 표현은 보수적 성향을 나타낸다. 다른 하나는 문화주의적인 관점으로, 국가·정치적으로는 숙명론적이고 자치적인 형태를 나타내고 있으며, 사상적으로는 합리적인 표현을, 문화적으로는 전통 지향적인 성격을 띠고 있다고 할 수 있다. 이러한 사회문화적 토대는 중국사회의 변화에 따라 끊임없이 바뀌어 가고 있으며, 이에 따라 중국인의 민족성에도 일부 변화와 지속이 교차하고 있다.

전통에서 현대로의 이행

1949년 사회주의 중국의 수립으로 시작된 중국사회의 개조는 결국 전통 농업사회를 공업사회로 바꾸는 작업이었으며, 덩샤오핑[鄧小平]의 개혁개방 정책은 효율적 공업사회, 즉 현대화된 중국을 건설하기 위한 몸부림이었다. 이에 따라 현대 중국의 변화는 농업사회에서 사회주의적 발전방식에 기초한 공업사회로의 이행 과정을 거쳤고, 이제는 사회주의 시장경제 체제라는 중국만의 방식을 통해 급격한 현대로의 이행을 추진하고 있다. 그러나 이러한 이행 과정은 단순히 농업적 환경이 공업적, 시장경제적인 현대화된 환경으로 바뀌는 것에 그치지 않고, 이에 수반되어 사회적인 많은 변화가 일어남을 의미한다.

주지하다시피 중국은 1840년 아편전쟁을 통해 피동적으로 현대화의 길로 접어들게 되었으며, 이 과정에서 중국의 정신에 서양의 기술을 접목하자는 중체서용(中體西用)론, 서양의 제도를 중심으로 중국을 결합시키자는 서체중용(西體中用)론 그리고 기존의 중국적 질서를 전면적으로 바꾸는 혁명의 과정까지 겪었었다. 그러나 늘 이를 받쳐주지 못한 사회적 인식 그리고 이 인식의 핵심에 있는 중국의 대중들은 늘 소극적이고 피동적인 모습을 보였다. 이러한 과거를 되짚어 보면, 전통에서 현대로의 이행 과정 역시 중국 민족성의 재창출에 지대한 영향을 끼치는 중요한 고리가 됨을 알 수 있다. 다음 표는 전통에서 현대로의 이행을 도식화한 것이다.

전통에서 현대로의 이행

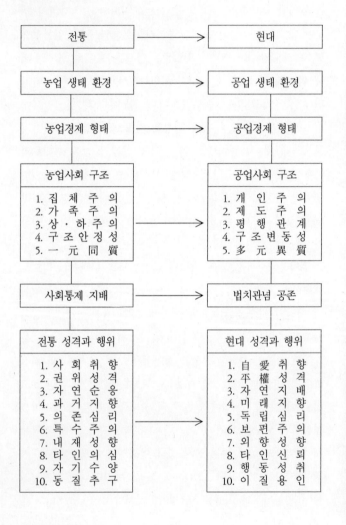

전통	→	현대
농업 생태 환경	→	공업 생태 환경
농업경제 형태	→	공업경제 형태

농업사회 구조		공업사회 구조
1. 집 체 주 의 2. 가 족 주 의 3. 상 · 하 주 의 4. 구 조 안 정 성 5. 一 元 同 質	→	1. 개 인 주 의 2. 제 도 주 의 3. 평 행 관 계 4. 구 조 변 동 성 5. 多 元 異 質

사회통제 지배	→	법치관념 공존

전통 성격과 행위		현대 성격과 행위
1. 사 회 취 향 2. 권 위 성 격 3. 자 연 순 응 4. 과 거 지 향 5. 의 존 심 리 6. 특 수 주 의 7. 내 재 성 향 8. 타 인 의 심 9. 자 기 수 양 10. 동 질 추 구	→	1. 自 愛 취 향 2. 平 權 성 격 3. 자 연 지 배 4. 미 래 지 향 5. 독 립 심 리 6. 보 편 주 의 7. 외 향 성 향 8. 타 인 신 뢰 9. 행 동 취 향 10. 이 질 용 인

개혁개방과 중국사회의 변화

주지하다시피 중국의 개혁개방은 중국사회에 공전의 변화를 가져왔다. 중국 개혁개방의 성과는 1979년 이래 연평균 9% 이상의 고도 경제성장률 및 시장경제의 활성화, 세계 제6위의 경제 규모, 세계 제10위의 무역 대국, 세계의 공장 그리고 세계 최대의 자본투자 시장이라는 외형적 모습과, 이에 따른 정치경제적 국제 지위의 상승으로 규정된다. 물론 이러한 변화도 급격하다고 볼 수 있지만, 이에 수반되는 변화 역시 매우 급하고 광범위하게 나타나고 있다. 그동안 앞만 보고 달려온 '발전주의(developmentalism)'의 이면에서 터져 나온 수많은 문제들은 결국 중국 스스로가 풀어야 하는 숙제가 되고 있는 것이다.

개혁개방이 추구하는 시장경제의 도입과 더불어 발생한 중국사회의 변화는 크게 다음의 몇 가지 분야로 나누어 살펴볼 수 있다. 우선 국유기업의 개혁과 이에 따른 실업자의 양산이 중국의 정치적 안정을 상당히 위협하고 있다. 중국의 경제학자 후안강[胡鞍鋼]은 중국이 이미 고(高)실업 단계에 들어섰음을 강조하고 있다. 정부의 공식적인 실업률을 훨씬 상회하고 있는 것으로 예상되는 실업 인구를 책임진다는 것은 현재 중국 정부에게 엄청난 부담이 되고 있다. 특히 이미 WTO에 가입해 국제적 관례에 따라야 하는 중국의 경제 시스템은 사회주의 복지제도의 근간과 큰 충돌을 일으키고 있다.

개혁개방의 심화와 더불어 피할 수 없는 또 다른 현상은 소득 격차 및 지역 격차의 확대이다. 국가의 사회 안정도를 측정할 때 중요한 지표가 되는 것이 바로 부(富)의 분배 정도이다. 양극분화(兩極分化)로 지칭되는 지역 간 및 개인 간 소득 격차의 확대는 중국만이 가지고 있는 특수한 사회제도인 '호구제' 및 '공유제' 주도 경제구조의 필연적 산물이기도 하다. 이러한 와중에 개혁개방에 따른 시장경제의 확대는 일부 부정한 방법을 통한 경제력의 확대를 야기하면서 계층구조를 더욱 복잡하게 만들고 있다.

셋째는 단위(單位)체제의 변화를 들 수 있다. 1980년대 중반부터 진행되고 있는 공유제 부분의 개혁은 단위체제를 점차 해체하고 이를 대신할 시장 메커니즘을 도입하는 것이다. 단위체제는 도시 노동자들에게 고용안정과 사회보장을 제공하는 주된 틀이었다. 단위체제의 해체는 결국 사회보장 시스템을 '수익자 부담형' 체제로 변화시켰으며, 개혁개방의 추세에 적응하지 못하는 일부 계층에게는 생존권마저 위협받는 엄청난 부담으로 작용하고 있다.

중국사회의 변화와 관련된 또 하나의 변화는 맹류(盲流)나 농민공(農民工)으로 불리는 사회적 유동 인구가 확대되고 있으며, 1억 명이 넘는 것으로 추정되는 이들이 해당 정착 지역에서 제대로 적응하지 못하는 '주변화'가 심각한 수준에 도달하고 있다는 점이다. 마음대로 거주 이전의 자유를 누릴 수 없는 중국적 호구제도 하에서는 농민으로 하여금 정부와 계약한 농토에 대한 청부권(정부와의 계약에 의해 농민이 책임 경영하는 권리)을 포기할 수 없게 만든다. 이제는 현실적으로 부가가치가 낮은 농업 환경에서 탈출하고자 하는 농민들을 법적으로 막고 있고, 결국 농민들은 불법으로 농토를 떠나고 있다. 이러한 현상은 지속적으로 농촌의 황폐화를 야기하고 있다.

개혁개방 이후의 변화와 관련해 중국 변화의 가장 부정적인 시각은 역시 부정부패의 창궐일 것이다. 원래 부패는 기존의 공산당이 재화의 소유권과 분배권을 모두 가지면서 발생한 체제적 성격이 강하였지만, 현재의 부패구조는 총체적 부패라 할 만큼 다양한 방식으로 중국사회를 병들게 하고 있다.

이상과 같이 중국사회는 개혁개방 이후 엄청난 변화를 겪고 있다. 중국사회 변화의 핵심은 과거 사회주의 체제의 경직성이 시장경제의 도입과 더불어 (중국 정부가 의도하였든 그렇지 않았든 간에 관계없이) 중국인들을 물질 만능적이고 개인주의적으로 변화하게 하고 있고, 경제의 발전과 개방의 확대 속에서 지역 격차와 소득 불균형으로 인한 사회적 이원구조가 확대되고 있다는 점이다. 이러한 변화가 바로 중국인으로 하여금 새로운 행동양식의 창출을 요구하게 만드는 것이기도 하다.

당대 중국 정체성의 변화와 지속

지역별 기질

중국을 말할 때 우리는 '중국에는 31개의 다른 나라가 있다'라는 말을 자주 사용한다. 이는 중국이라는 광활한 강역(疆域)에서 서로 다른 역사·문화전통을 가지고 있는 많은 지역들이 저마다의 지역적 특수성을 보이기 때문이다. 그래서 중국인은 기본적으로 앞에서 살펴본 기본적인 가치관과 문화체계를 공유하고 있지만, 지역적으로는 매우 다른 행태를 보여준다.

중국인의 지역적 기질

지역	기 질
北京人	− 매우 실질적이며 남에게 성실한 인상을 주기 위해 노력. − 수도라는 정치적 자부심이 매우 강하며 문화를 강조. − 일의 해결에 동원 가능한 모든 수단을 이용하여 문제를 해결. − 경제생활에 있어 관리(官吏)형 브로커가 많다.
上海人	− 경제적 이익이 거래의 유일한 기준으로 이익이 없는 일은 절대 하지 않음. − 분수에 넘치는 이익은 추구하지 않는 합리적 사고. − 작은 문제에 집착하는 경향이 있으나, 일단 해결되면 빠르게 진행. − 규칙을 준수하며, 경제 거래에 있어 계약이 체결되면 규정대로 집행. − 신용거래 중시. − 국제적 감각이 중국에서 가장 앞섬.
廣東人	− 금전 없는 교류는 필요 없음. 돈과 지위, 체면을 동일 기준으로 간주. − 외양을 중시하며 상당한 과시욕을 가짐. − 사업개척에 적극적이며 모험정신이 강함. − 암흑가 조직이 오랜 역사를 가지고 있음.
天津人	− 실질적이고, 겉보다는 내용 중시. − 신뢰를 중시하고 전문가적 경력 중시. − 과학적 사고와 국제관례를 중시. − 수신제가 치국평천하의 유가적 소양을 강조하며 예절 중시.

東北人	- 이성보다는 감성적 교류 강조. - 호방한 기질, 대담성 중시. - 大人의 풍모를 숭상하며, 주량으로 도량을 판단하는 경향. - 직설적이고 말이 앞서는 경향. - 정치적 보수 색채. - 과장이 심하고 정밀성 결여.
安徽人	- 문사도를 강조하며, 유통을 관장하는 儒商 풍격, 문화적 자존심 강조. - 誠·信·義·仁의 상업도덕관. - 淮北人 : 신용 중시, 합리적 일 처리, 계약관념이 강함. - 淮南人 : 상업적 두뇌, 安徽省의 본거지. - 이치를 따지고 이성적 경향을 보여 법률적 처리에 능함.
山西人	- 근검절약 정신, 자수성가 강조. - 신용 중시, 포장보다는 내용 강조. - 공평 경쟁을 선호, 박리다매적 경향. - 담당자와 직접 상거래 가능. - 인재 중시하며 官商 풍조.
陝西人	- 중세 중국의 중심지로서의 문화전통과 자부심. - 西安人 : 문화적 우월감이 아주 강함. - '옛것'에 대한 숭상. - 배수의 진을 치고 필사적으로 일 처리.
四川人	- 기본적으로 이재에 밝지 않음. - 인재가 풍부하며 담력이 큼. - 공평·협력, 신뢰·신용 강조. - 절충과 조화 강조.
河南人	- 매사에 수동적 경향, 상거래 시에도 투자개념보다는 지키기. - 잔재주가 많으나 자가당착에 잘 빠짐. - 모험정신이 박약하고 숨기는 게 많음. - 상대방을 떠보는 데 익숙. - 토호들의 세력이 강한 편.
湖南人	- 성실·근검·다재다능. - 내용 중시. - 대담, 호방한 기풍, 정치계·군계 인물 다량 배출. - 성격이 급하고 직설적임. - 시대 조류에 잘 적응하면서 일 처리가 매우 유연. - 잔재주가 많으나 자가당착에 잘 빠짐.

西北人 (甘肅, 寧夏, 新疆)	− 小農 심리, 비진취적 경향. − 상호 이익 중시. − 공평하고 호혜적인 관계 선호.
山東人	− 성실, 신용 중시. − 모험정신 박약. − 호방한 성격이나 약간 근시안적. − 양심에 위배되는 일은 하지 않고, 친구에게 손해를 끼치지 않는다는 좌우명. − 일부 손해 감수, 그러나 상대방의 사기 행위에는 매우 엄격.
浙江人 (杭州, 寧波, 溫州)	− 상업전통이 강함(창조정신, 개척정신, 사상해방 정신). − 현실 중시. − 항주 : 지역적 폐쇄성. − 영파 : 대담한 협력 선호. − 온주 : 중국의 유대인.
福建人 (閩南人)	− 상업정신, 모험정신, 해양성 문화 − 石獅人 : 자본주의 정신, 해양 실크로드 개척, 화교자본의 연계.
河北人	− 소박·평범·선량. − 이익보다는 의리 강조. − 시장경제 관념이 박약하며 안빈낙도적 경향.
江蘇人	− 안정제일주의. − 예절 중시, 소박. − 언어의 유희를 즐김. − 장점은 잘 강조하나 단점은 언급 자체를 꺼림. − 독립적 경영, 직접 경영 등의 소상인 정신이 강함.
江西人	− 안정, 안빈낙도, 문화소양 취약, 과거 지향적. − 상업적 기질이 박약. − 근검·성실·인내. − 개체경영, 가족경영 경향. − 개인적 결정 중시.
湖北人	− 개성이 강하며 패배나 실수를 잘 인정하지 않음. 膽量이 적음. − 외양과 체면을 중시. − 총명. − 미신적 경향이 강함.
雲南人	− 성실이 제일의 덕목. 새롭고 신기한 것은 경박의 상징, 안빈낙도.

	− 안정 중시.
	− 담백, 솔직, 예절 중시.
	− 하기 싫은 일은 안 한다.
海南人	− 보수성이 강하고 현대적 관념이 약함.
	− 자유, 영웅 숭상.
	− 나태(가난은 참지만 고통은 못 참는다).
	− 일단 상업활동에 나서면 매우 적극적.
	− 온갖 수법과 편법 동원에 능함. 관시 중시.

중국 민족성의 변화와 지속

가치관의 변화와 지속

중국 사회문화 발전의 역정을 살펴보면 중국인의 가치관에
영향을 미치는 몇 가지 요소를 발견할 수 있으며, 이러한 요소
들의 변화와 지속이 현대 중국인들의 민족 성격을 규정하게
된다고 할 수 있다. 이러한 요소들을 유형별로 살펴보면 다음
과 같다.

1) 종교의식 취향

종교의식 취향은 종교적 취향과는 다른 말이다. 종교적 취
향이라 함은 어떤 특정 종교의 신도가 해당 종교 조직의 교의
(敎義)와 요구에 따라 표출해내는 심리와 행위의 경향을 말하
는 것이다. 그러나 중국인들은 종교에 대한 미신적 의식을 갖
고 있기 때문에 그들의 종교의식은 주로 자연의 변화나 동물
과 인간의 교류 및 영혼 현상이 표출하는 곤혹과 경외에 초점

을 맞추고 있으며, 일반 대중심리상 종교의식과 매우 유사한 양태를 보이므로 종교적 의식 경향을 가지고 있다고 보는 것이다.

중국인들의 의식을 지배하는 가장 대표적인 가치구조는 점술과 숙명론이다. 전자는 중국인의 일상 사회생활의 영위에 지대한 영향을 미쳤다. 생로병사라든가 혼인, 장례, 길흉, 화복 등에 관한 이해를 위해 필요했던 것들이 바로 점술을 통해 구체화되었던 것이다. 후자는 통치자가 중시했던 관점으로 통치자는 일반적으로 국가의 운명을 자신의 운명과 동일선상에 놓고 통치 행위를 하였다. 운명, 숙명 그리고 운명을 점치는 이러한 경향들은 현재도 숙명론적 관점에서 중국인들의 의식 속에 매우 깊숙이 자리잡고 있다.

2) 윤리 취향

중국 문화사에 있어 윤리적 경향의 주도적 지위는 춘추전국시대부터 1840년 아편전쟁 시기까지 계속되었다. 주(周)대에 확립된 주례(周禮)의 출현과 주례로의 복귀를 주창하면서 등장한 공자의 학설은 중국의 사상계를 2천여 년간 지배해 왔다. 그러나 아편전쟁은 중국의 이러한 사상전통에 일격을 가하였으며, 이로부터 중국이 처하게 되는 문제의 핵심은 과거의 윤리적 경향과는 근본적인 차이를 보이게 되었다.

'인(仁)'을 실현할 수 있다면 군자가 될 수 있으나 그렇지 못하면 소인으로 분류되는 유가의 이분법적 사고는 의(義)를 중시하고 이(利)를 경시하는 풍조를 조성하였다. 묵가가 말하는 대의의 실현인 공리(公利)마저도 이익을 추구하는 것으로 취급해 억제되어 온 것도 사실이다. 즉, 중국의 윤리 취향은 기본적으로 '의'의 발양과 '이'의 억제에 초점을 맞추고 있는 것이다. 이러한 중의경리(重義輕利) 풍조는 중국인들의 이익 추구 경향을 저속한 것으로 호도해 왔다. 그럼에도 불구하고 개혁개방 이후의 시장경제 도입에 따른 경쟁적 시장 환경과 사회 변화는 그동안 정신적인 '의'를 지나치게 강조하여 의식적으로 가려져 있던 중국인들의 이익 지향적 성격을 강력하게 회복시키고 있는 중이다.

3) 문화 취향

사실 그 자체가 가치인 문화를 가지고 가치 판단을 하는 것은 매우 불합리할 수도 있다. 그러나 이러한 관점은 문화가 내포하는 함의를 놓고 보면 매우 설득력이 있다. 이는 중국이 적어도 아편전쟁 이후 겪어야 했던 서방문화로부터의 충격을 흡수하는 과정이 매우 가치적이었기 때문이다. 중국은 초기 서방문화를 흡수하는 과정에서 중체서용(中體西用)적 관점에 의해 서방의 물질문화를 흡수하려는 시도를 하였으며, 무술변법(戊戌變法) 시기에는 제도적 변화를 통한 규범문화의 도입을, 신해혁명(辛亥革命) 시기에는 완전한 서방문화를 도입하려는 시도를 했었다. 민주와 과학이라는 두 개의 주제를 가지고 진행된 신문화 운동 시기의 사회주의 사조 유입 역시 이러한 문화 취향의 한 단면이다. 사회주의 중국이 건설된 지 30년이 경과한 후 제시된 시장경제의 도입 역시 중국인의 문화 취향을 보여주는 대표적 사례라 할 수 있다.

4) 정치 취향

장기간 군주제의 일원적인 정치 시스템을 유지해 온 중국의 정치적 변화는 아시아 최초의 공화정 국가를 수립한 신해혁명과 사회주의 중국의 수립으로 본격화되었다. 특히 사회주의 중국의 수립은 기존의 중국적 전통 질서를 완전히 뒤흔들어 놓았다. 그러나 전통 중국인의 정치적 취향은 이 시기에 큰 빛을 발하여 전 중국이 정치 투쟁의 장으로 빠져들게 된다. 끊임없이 이어지는 크고 작은 군중 운동과 중국의 암흑기로 불리는 문화대혁명에 이르기까지, 중국인들은 자의 반 타의 반으로 계급 투쟁의 소용돌이에 휘말려들게 된 것이다.

개혁개방을 알리는 1978년의 11기 3중전회(中全會)까지 계속된 중국의 이러한 정치 운동은 기존의 가치와는 판이하게 다른 노선 투쟁, 예를 들면 유물론과 유심론, 좌파와 우파, 무산계급과 자산계급 그리고 사회주의와 수정주의 및 혁명과 반혁명의 문제, 사회주의 이념이 우선인가 아니면 물질적인 발전이 우선인가를 둘러싼 대립구도인 홍(紅, 사회주의 이념)과 전(專, 기술·물질문명) 문제에 이르기까지 이분법적 대립구도를 노정하였다. 이는 전통 중국의 조화와 중용을 중시하는 정치적 취향과는 근본적으로 다른 문제로 중국인들의 피해의식을 한층 배가시켰을 뿐이다.

5) 경제 취향

30여 년에 걸친 정치 운동을 접고 개혁개방 정책의 추진으로 경제 제일주의를 채택한 현대 중국은 기존의 계획경제 체제에 대한 수술을 단행하여 과감한 시장경제의 길로 들어서게 된다. 이러한 경제주의의 대두는 개인 경제 이익의 각성을 불러일으켰고, 경제 현상과 경제 행위에 대한 사람들의 관심을 배가시켰다.

이로 인해 전통적으로는 '의(義)의 실현을 위해', 사회주의 중국 수립 이후에는 '정치의 그늘에 가려' 상대적 위축을 경험해야 했던 경제의식이 보다 개방적이고 합법적인 환경을 맞이하게 된 것이다. 전 중국이 개발 열풍에 휩싸이게 되었으며, 중국인들의 경제생활 참여는 그들의 새로운 목표가 되었다. 앞을 보고 달리자던 덩샤오핑의 '시앙치엔칸[向前看]'이라는 구호는 (발음이 같은) 돈을 보고 달리자는 '시앙치엔칸[向錢看]'으로 바뀌었다.

이러한 경제 제일주의의 대두는 침묵해 있던 중국인의 상술을 본격적으로 자극하고 있다. 그러나 동시에 황금 만능주의 풍조가 중국의 장래에 암울한 그림자를 던지고 있기도 하다. 어쨌든 중국인의 가치관에 있어 최대의 변화는 이 경제 취향의 변화에서 철저히 감지되고 있다.

중국인의 관시[關系] 모델

이러한 중국인 가치관의 변화는 중국인들의 민족성과 인간관계를 근저에서 제어해 왔던 관시문화에 어떤 영향을 미치고 있는가? 많은 사람들이 중국을 왕래하면서 관시 없이는 아무것도 안 된다는 관시 제일주의를 강조하고 있다.

확실히 장기간에 걸친 중국의 역사 변천 과정에 있어, 봉건 종법제의 해체, 서방문화의 침입, 계급 투쟁과 문화대혁명 그리고 개혁개방 등 일련의 과정들을 살펴보면 제도적 차원에서 중국의 변화는 실로 상당했다.

그러나 인정과 체면 그리고 관시 네트워크는 상대적으로 근본적인 변화를 겪지 않은 부분이다. 물론 변화의 개연성이 상존하고 있고, 이미 상당한 변화의 조짐을 나타내고 있긴 하지만, 아직까지 관시 네트워크는 현대 중국사회에서 큰 위력을 발휘하고 있다. 이는 사변적이고 철학적인 원리를 강조하는 중국의 전통 가치체계에 영향을 받은 바가 크기 때문이다.

1) 인정

인정은 중국사회가 강조하는 가족제도의 직접적인 체현물이다. 주지하는 바와 같이 전통 중국의 농업사회는 이동이 불가능한 토지, 집단적인 향촌 생활문화 그리고 가족 중심의 혈연관계로 인해, 장기적이고 안정적인 관계 유지가 필수적이었다. 이러한 안정적인 관계 설정을 위하여 중국인들은 인간관계 중의 처세에 있어 '정'이라는 성분을 추가하게 된 것이다. 이는 서방문화가 조화로운 관계 유지를 위하여 정보다는 '이치'를 중시했던 것과는 확연히 구분된다. 이는 당연히 중국인의 직각(直覺)적 사유방식과 밀접한 관계가 있으며 다분히 혈연관계를 기초로 한 인정이었다. 이러한 혈연관계는 씨족까지 그 범위가 확대되었는데, 이는 자신을 중심으로 원근(遠近)과 친소(親疎)가 구분되는 집단적이고도 개인적인 관계이다.

중국인들은 인정을 일종의 사회 교환 행위로 간주하였다. 중국의 속담 중 '인정을 보낸다[送人情]'는 말이나 '사람이 있으면 인정이 존재한다[人在人情在]'는 말, 또 '인정을 보내는 것은 예물을 보내는 것과 같다[送人情等於送禮]'라는 말은 인정이 바로 이러한 교환 행위의 일종임을 표현하는 것이다. 중국말로 신세를 졌다는 말은 '치엔런칭[欠人情]'이다. 중국인의 습관은 예물을 받으면 답례를 하는 것이다. 이를 보면, 결국 중국인의 인정은 형식상 무조건적인 것이라기보다는 일정한 호혜성을 전제로 하는 것임을 알 수 있다.

2) 인륜

인륜이란 인간의 도리를 뜻하는 말로 중국 전통 윤리사상의 인정에 대한 규정이기도 하다. 인륜은 외적으로는 '예(禮)'의 형식을 취하고 있으며, 그 내재적 심리는 '인(仁)'이다. 이는 중국의 인정구조에 윤리적 성분을 가미한 것으로 중국인의 관시구조에 심대한 영향을 미쳤다. 중국 전통의 혈연관계를 바탕으로 한 인정은 이러한 과정을 통하여 윤리 도덕적 색채를 가지게 되었으며, 또 철학 윤리사상이 중국인의 일상생활에 뿌리를 내리게 되었다. 이로부터 중국인의 인간관계는 도덕적 감시 하에 장기적이고 안정적이며 조화를 강조하는 형태로 귀결되었다.

그러나 인격적 차원에서 보면, 감정이 개체에서 관시구조로 전환되는 과정에서, '예'를 통한 검증을 거친 후 행위자 개인을 억압하게 되기 때문에, 남을 의식하는 타인 지향적 성격을 지니게 되었음을 부인할 수 없다.

3) 인연

'연(緣)'이란 산스크리스트어로 자연과 사회가 만들어내는 각종 관계 설정의 조건을 표시하는 말인데, 즉 연분을 뜻한다. 불교문화의 유입과 함께 중국에 유입된 이 말은 유가의 천명관(天命觀)과 결합하여 중국의 관시구조에 숙명론적 색채를 가미시켰다. 사회심리학에서는 인간의 모든 우연과 다른 사람과의 관계를 이미 정해진 상황에서 만나게 되는 필연으로 간주하며, 어떤 행위자 스스로가 본인이 처한 상황을 합리화하기 위한, 또는 만족할 만한 근거와 답을 얻기 위한 도구로도 쓰인다. 즉, 이것은 모든 인간관계의 운명성을 강조하는 말로 많이 쓰인다.

특히 인연은 부부의 연 등을 강조할 때 많이 쓰이는데 이는 인간의 모든 사회생활이 실제로 부부의 결합으로부터 시작되는 전제적 조건임을 강조하는 의미도 내포하고 있다. 그러나 연이 꼭 전제성만을 강조하는 것은 아니다. '연'은 오히려 어떤 일의 발생이 이루어진 다음 이를 사후에 해석하는 데에도 아주 유용하게 쓰인다. 이는 '연'이 인간관계를 맺는 행위자들로 하여금 상호 관계 설정을 위해 부단한 노력을 해야 함을 상기시켜 주고 있으며, 또한 어떠한 결과에 대해서도 원만한 해석을 내려줄 수 있기 때문이다.

이와 같이 관습법 사회였던 중국인들의 인간관계를 사회적으로 제어해 온 중국의 관시구조는 중국인의 천명사상과 가족주의 그리고 유가 중심의 윤리사상을 기초로 인정(人情), 인륜(人倫), 인연(人緣)의 세 요소가 종합적으로 결합되어 나타나는 일종의 행위 모델이다. 인정은 인간관계에 있어 무엇을 제공하는가의 문제이며, 인륜은 인간관계를 어떻게 설정할 것인가의 문제와 결부되어 있고, 인연은 왜 인간관계를 유지하는가에 대한 해답을 제공한다. 일반적으로 중국의 관시구조는 이들 세 요소의 정체적인 결합에 의해 움직이는 것으로, 어떤 특정한 일이나 단순한 만남에 의해 형성되는 구조는 아니라고 할 수 있다.

중국 민족성의 현대적 전환

주지하다시피 중국의 민족성과 중국인의 행동양식은 중국

전통사회의 사회문화적 특성들과 밀접한 관계가 있다. 이는 중국민족 자체가 자유농(自由農)을 기초로 한 농업국가이며, 가족제도가 사회구조의 중심이 되었다는 사실 그리고 유가 중심적 사고 속에서도 도가·묵가 등이 때에 따라 조화를 이루었다는 점 등이 중국적 문화구조 안으로 융화되면서, 중국인 특유의 중국인일 수밖에 없는 민족성과 행동양식을 형성한 것으로 파악할 수 있다.

그러나 아편전쟁 이후 서구문화의 충격을 받으면서 중국사회는 질적인 변화를 시작하였으며, 전통문화와 서구문화의 충돌을 시작으로 전통과 반(反)전통에 관한 갈등 그리고 전통문화와 사회주의 문화의 충돌을 겪었고, 급기야는 사회주의 문화와 시장경제 문화의 충돌까지 경험하고 있다. 중국은 현대화를 추구하는 국가로서 전통 농업사회에서 공업사회로의 전환을 시도해 왔으며, 현재는 기존 산업화 사회의 통례를 그대로 경험하고 있는 것이다.

중국은 어디로 갈 것인가? 이 글의 주장과 관련해, 필자는 중국의 전통문화를 서방의 문화와 대비시켜 봄으로써 중국 민족성과 중국인 행동양식의 변화 방향을 짐작해 보고자 한다.

우선 방법론적으로 중국은 체험에 바탕을 둔 정감을 강조하지만 서방문화는 실증을 기초로 한 이론을 중시한다. 민족성 형성 배경에 관해서, 중국은 천명관(天命觀)과 가족주의 그리고 질서 있는 윤리 도덕을 기반으로 하지만, 서방의 문화는 종교관과 개인주의 그리고 정의와 평등을 강조한다. 행동 모델과 인간관계 설정에 대해서 중국문화는 숙명론에 근거한 인연과 인정 원칙 그리고 인륜의 질서를 특징으로 하지만, 서방문화는 신 본위와 이론 및 이치 그리고 사회 계약에 의한 법률을 강조하는 문화양식을 보인다.

이러한 사회문화적 토대 위에서 형성된 중국인의 민족성은 주로 혈연주의적이고 안정적인 환경 조성 그리고 상호 의존적 관시문화 및 숙명론과 안빈낙도적 경향으로 나타난다. 이에 반해 서방은 권리와 의무의 존중, 자아 독립적이고 자기중심적인 경향 및 진취적이고 적극적이며 개방적이고 자유스러운 분위기를 표현해낸다.

어쨌든 중국문화는 내외 환경의 변화와 함께 다시 태어나고 있다. 물론 수천 년을 통해 형성된 중국문화의 사회적 토대와 이에 따라 형성된 민족성에는 우량한 점도 있지만, 많은 학자들이 지적하였듯이 열세한 민족성도 적지 않다. 중국의 많은 지식인들은 예나 지금이나 중국민족을 '아시아의 병자[凍亞病夫]'로 만들었던 악렬한 민족성의 개조를 위해 많은 토론을 해왔다.

그러나 새로운 문화체계의 창출은 상당히 장구한 역사적인 실천의 과정이다. 전통이라고 무조건 배척하는 것은 옳지 않다. 지금이야말로 시대의 변화에 부흥하는 전통과 현대의 접맥이 절실한 시기이다. 중국과 문화·지리적 인접성뿐 아니라 정치경제적으로도 함께 동북아, 나아가서 세계를 호흡해야 하는 대(對)중국 관계 설정에 있어, 우리도 중국에 대한 보다 원초적인 이해와 연구를 게을리하지 말아야 할 것이다. 본 연구가 이러한 노력에 조금이라도 보탬이 될 수 있으면 한다.

참고문헌

金耀基, 『傳統到現代』, 臺北 : 時報出版公司, 1984.

杜維明, 『現代精神與儒家傳統』, 北京 : 三聯書店, 1997.

牟宗三 等, 『文化傳統的重建』, 臺北 : 時報出版公司, 1984.

文崇一, 『中國人的價値觀』, 臺北 : 東大圖書公司, 1989.

沙連香 主編, 『中國民族性(一)』, 北京 : 中國人民大學出版社, 1989.

_____, 『中國民族性(二)』, 北京 : 中國人民大學出版社, 1992.

楊國樞 主編, 『中國人的性格』, 臺北 : 桂冠圖書公司, 1993.

楊國樞·余安邦 主編, 『中國人的心理與行爲』, 臺北 : 桂冠圖書公司, 1993.

梁漱溟, 『中國文化要義』, 濟南 : 山東人民出版社, 1990.

楊中芳·高尙仁 主編, 『中國人. 中國心』, 臺北 : 遠流出版公司, 1991.

余英時, 『中國思想傳統的現代詮釋』, 南京 : 江蘇人民出版社, 1989.

吳主惠, 『漢民族的研究』, 臺北 : 商務印書館, 1982.

韋政通, 『中國思想傳統的現代反思』, 臺北 : 桂冠圖書公司, 1990.

劉再復·林崗, 『傳統與中國人』, 香港 : 三聯書店, 1991.

殷海光, 『中國文化的展開』, 臺北 : 桂冠圖書公司, 1978.

李亦園, 『文化與行爲』, 臺北 : 商務印書館, 1988.

翟學偉, 『面子.人情.關係網』, 鄭洲 : 河南人民出版社, 1994.

_____, 『中國人的臉面觀』, 臺北 : 桂冠圖書公司, 1995.

錢濱四, 『中國文化導論』, 臺北 : 正中書局, 1951.

陳其南, 『文化的軌跡』, 瀋陽 : 春風文藝出版社, 1987.

馮爾康, 『中國宗族社會』, 杭洲 : 浙江人民出版社, 1994.

馮天瑜·周積明, 『中華文化的奧秘』, 香港 : 南奧出版社, 1989.

項退結, 『中國民族性研究』, 臺北 : 商務印書館, 1979.

湖北大學中國思想文化研究所 主編, 『中國文化的現代轉型』, 漢

口 : 湖北教育出版社, 1996.

黃光國 編,『中國人的權力遊戲』, 臺北 : 巨流圖書公司, 1988.

Butterfield, F., *China Alive in Bitter Sea*, London : Cororet Books, 1983.

Pye, Lucian W., *The Spirit of Chinese Politics*, Massachusetts : The M.I.T press, 1968.

Bond, Michael H.(eds.), *The Psychology of Chinese People*, Hong Kong : Oxford University press, 1986.

프랑스엔 〈크세주〉, 일본엔 〈이와나미 문고〉, 한국에는 〈살림지식총서〉가 있습니다.

📖 전자책 | 🔍 큰글자 | 🔊 오디오북

중국의 정체성

펴낸날	초판 1쇄 2004년 2월 10일
	초판 6쇄 2023년 3월 7일

지은이	강준영
펴낸이	심만수
펴낸곳	(주)살림출판사
출판등록	1989년 11월 1일 제9-210호

주소	경기도 파주시 광인사길 30
전화	031-955-1350 팩스 031-624-1356
홈페이지	http://www.sallimbooks.com
이메일	book@sallimbooks.com

ISBN	978-89-522-0186-7 04080
	978-89-522-0096-9 04080 (세트)

※ 값은 뒤표지에 있습니다.
※ 잘못 만들어진 책은 구입하신 서점에서 바꾸어 드립니다.